**PUBLICATIONS SOCIALES D'ARISTIDE GRENIER**

(DE CAEN).

# ORGANISATION

DE LA

# SOUVERAINETÉ SOCIALE ET UNITAIRE

## DE FRANCE

OU

## GOUVERNEMENT DU PEUPLE PAR LE PEUPLE

PRÉCÉDÉE DE LA

RÉPONSE DU PEUPLE-SOUVERAIN A SES REPRÉSENTANTS

PAR

ARISTIDE **GRENIER**, HORLOGER

EX-DÉTENU DU FORT DE BICÊTRE, FONDATEUR DE LA SOCIÉTÉ INTÉGRALE UNITAIRE DES TRAVAILLEURS-PROPRIÉTAIRES, SANS MAITRES, SANS OUVRIERS, SANS EMPLOYÉS ET SANS SERVITEURS, CONSTITUÉE PAR ACTE NOTARIÉ DÈS LE 13 JANVIER 1847, AUTEUR DU DRAPEAU DU 24 FÉVRIER 1848, DE LA CONSTITUTION DIVINE, ETC., ETC., ETC.

**PRIX : 1 FRANC.**

## PARIS

### CHEZ L'AUTEUR, CITÉ POPINCOURT, 2 BIS.

Chez M. HEUSTE, Négociant, rue Bourg-l'Abbé, 22.

1850

# INTRODUCTION.

## RÉPONSE

# DU PEUPLE - SOUVERAIN

### A

## SES REPRÉSENTANTS [1].

> Entendez, ô grands de la terre ! instruisez-vous,
> arbitres du monde.
>
> BOSSUET.
>
> Il est temps de montrer que le Peuple raisonne [2],
> Et qu'il ne cède en rien la parole à personne.
>
> A. G......

CITOYENS SOUVERAINS DE FRANCE,

Nous avons vivement ressenti vos profondes douleurs ; car, ne sommes-nous pas un même corps collectif, ne devons-nous pas éprouver un même sentiment de souffrance ou de joie, une même pensée et une même inspiration, afin de faire sortir du chaos politique cette lumière douce et pure qui doit éclairer POUR TOUJOURS l'harmonie sociale et divine de laquelle naîtra l'affranchissement de l'humanité.

Le jour n'est pas éloigné où *l'unité organisatrice de la France sera constituée,* où l'Europe, à son divin exemple, marchera, comme un seul homme, à la conquête pacifique de cette grande et sublime république

(1) Voir le *Courrier français* du 11 juillet 1849.
(2) Le Peuple pris pour la Nation.

qui s'appellera, comme Dieu, l'unité universelle. Alors, mais seulement alors, la persécution cessera, le mal sera vaincu, la vérité triomphera de l'erreur, et chaque nation, à jamais libre et souveraine, élèvera des monuments impérissables à la mémoire de tous ceux qui auront contribué, par leurs nobles travaux matériels et intellectuels, à la richesse, au bonheur et à la grandeur du monde.

Nous n'entreprendrons pas, Citoyens, de paraphraser tout votre éloquent manifeste ; mais nous croyons devoir appeler votre sérieuse attention sur quelques passages principaux qui peuvent éclaircir le vieil horizon politique, et nous aider à fonder notre jeune avenir social que nous vous indiquons seulement dans ce préambule. Si nous avons été assez heureux, en notre double qualité *d'inventeurs et de socialistes*, pour découvrir à vos yeux un nouveau filon d'or dans le vaste champ social, notre tâche sera remplie, et nous laisserons à des ouvriers plus habiles le soin de mettre en œuvre et de polir les précieux trésors de la pensée et de l'intelligence.

Voici les passages sur lesquels nous faisons appel à votre pur socialisme et à vos vives lumières.

Dans le troisième paragraphe, vous dites : — « La Montagne n'est point au service d'un homme, d'un parti, d'une coterie, d'un intérêt ; elle a placé plus haut et plus loin ses espérances, qui reposent sur les traditions les plus pures de la révolution ; elle s'est faite le serviteur du Peuple, elle vit de son amour pour lui ; si elle avait pu douter de sa puissance morale, les efforts tentés pour la détruire lui en eussent donné la juste mesure. Quand elle considère par qui elle est aimée, par qui elle est détestée, elle se croit autorisée à penser qu'en face des partis coalisés ou séparés qui se disputent l'empire, elle seule est impérissable comme le Peuple dont elle émane et en qui elle tend sans cesse à s'absorber. »

Il résulte pour nous de ce paragraphe que, dans votre pensée, les représentants doivent être les serviteurs du Peuple, ce qui d'ailleurs a été confirmé par le discours du citoyen Michel (de Bourges). Nous pensons, nous, Peuple souverain, et nous ferons tous nos efforts pour vous le prouver, qu'il ne doit point en être ainsi ; mais nous croyons, comme vous, que le Peuple, ou, plus exactement, la Nation, doit absorber entièrement la souveraineté, et ne former d'une manière absolue qu'une grande unité collective.

Dans le sixième paragraphe, vous dites également : — « Dans les républiques démocratiques, les bons et les mauvais gouvernements se reconnaissent à un signe infaillible. Les bons gouvernements servent à l'émission, au développement, à la propagation des idées : c'est qu'en effet, l'idée c'est le progrès ; juste, elle profite à tous, et par conséquent au gouvernement lui-même qui doit être l'organe du Peuple ; fausse, le bon sens public en fait justice, elle tombe dans l'oubli. Tous les sophismes du monde ne parviendront pas à obscurcir cette vérité si simple. Vous craignez la lumière, donc, vous avez de mauvais desseins. »

Nous vous ferons remarquer que les républiques vraies ne sont ni démocratiques, ni aristocratiques ; mais elles sont et doivent être sociales, c'est-à-dire *unitaires et absolues,* et les mauvais gouvernements sont ceux qui veulent se mettre en dehors de la souveraineté nationale. Enfin, nous vous ferons encore remarquer que, si vous voulez concourir à la propagation des idées, il faut organiser les moyens de connaître celles DE L'UNIVERSALITÉ DES CITOYENS ; car ce sera toujours du choc des idées diverses que naîtra la lumière qui doit éclairer, sans cesse, les desseins ténébreux dont le bon sens public fait infailliblement justice.

Dans le vingtième paragraphe, vous ajoutez : — « Tout serait consommé, si les questions qui se succèdent dans la vie politique des Peuples ne restaient toujours pendantes devant le tribunal de la conscience publique. Vous êtes souverains à l'heure de l'élection, dans les grandes assises où s'instruit, à des termes marqués, le procès des gouvernements. »

Il semble résulter de ce paragraphe qu'il y aura toujours des gouvernés et des gouvernants, ce qui serait la négation de la souveraineté que nous accorde, en droit, la Constitution. D'ailleurs, nous en trouvons la confirmation dans cette phrase, où vous semblez dire que nous né sommes souverains qu'à l'heure de l'élection, et que c'est seulement à ces assises que nous avons le droit de faire le procès à nos gouvernants. Nous espérons pouvoir vous démontrer que notre droit est absolu et de tous les instants, car nous sommes la Nation souveraine.

Enfin, dans le vingt-sixième paragraphe, vous vous exprimez ainsi : — « Le nom de vos élus sera l'expression de votre sentence. Qui choisirez-vous? Ne parlons pas des hommes, qui sont peu ; disons un mot des principes, qui sont tout. La démocratie n'est pas une secte, une école, une théorie, un parti ; elle embrasse dans son vaste sein tous ceux qui, ayant répudié l'exploitation de l'homme par l'homme, aspirent au règne de l'égalité, sans laquelle il n'est ni liberté, ni fraternité vraie. A aucun homme il n'est donné de tout voir ni de tout pressentir ; mais chacun a reçu de la providence un don particulier : l'un parle, l'autre écrit, l'autre combat, tous travaillent. Or, quiconque travaille pour le Peuple, quiconque aime le Peuple, lutte pour le Peuple, souffre pour le Peuple : artisan, laboureur, magistrat, philosophe, écrivain, ouvrier, soldat, riche, pauvre, assis là-haut, couché là-bas, né dans le sillon ou sous les lambris dorés, il n'importe, s'il est prêt à tout sacrifier pour le Peuple, celui-là est démocrate. »

Vous le voyez ; toujours des juges et point de souverains! — Nous disons, nous, l'homme est peu ; mais les hommes laborieux sont tout : car ce sont eux qui ont tout cherché, tout trouvé, tout créé... Ce sont encore eux qui, après avoir démontré mathématiquement les principes, se chargeront d'en faire l'application impartiale suivant le seul système des impérissables lois de la nature. — Toute vérité étant absolue, nous vous ferons observer que la fraternité nous paraît beaucoup moins contestable, pour servir de base à la liberté et à l'égalité, que cette dernière. — Nous pensons comme vous qu'il n'est donné à aucun homme de tout voir et de tout pressentir ; aussi sommes-nous pour *la Souveraineté absolue, intégrale et unitaire.* Mais, suivant nous, chacun des membres de cette puissante souveraineté a reçu plus d'un don de la Providence, car, s'il en était ainsi, nous ne serions que des êtres simples et incomplets, tandis que tout est composé dans la nature : des ouvriers sans science ne seront jamais que des routiniers, de même des savants sans pratique ne seront également que de simples théoriciens. Or, ce n'est pas travailler que de ne faire que parler, écrire ou combattre, puisqu'on peut parler beaucoup pour ne rien dire, n'écrire que des sophismes et ne combattre que pour détruire ; donc, il n'est de véritable et fécond travail que celui qui transforme et organise. — En mettant une majuscule au mot Peuple, vous semblez vouloir dire la Nation, tandis que le vrai sens de votre phrase n'indique qu'une fraction des citoyens et constitue ainsi des classes, des distinctions qui doivent être à jamais bannies d'une vraie République sociale. Enfin, vous semblez établir en principe, et comme un devoir impérieux, la loi toute religieuse du sacrifice qui consacrerait, suivant nous, cette loi civilisée et désespérante de la nécessité, tandis qu'au contraire nous avons la ferme conviction que Dieu nous a donné les précieux et infaillibles moyens de créer, sur tout notre globe, l'abondance, la richesse, la science et le bonheur absolus pour tous ! En résumé, par la loi de sacrifice, on peut être démocrate, mais jamais par cette loi de misère et d'abnégation on ne sera de véritables savants socialistes, d'intelligents et de profonds républicains organisateurs.

Citoyens, il résulte de tout ce qui précède que notre éducation politique et sociale n'est pas encore parfaitement formée, puisqu'il peut exister une aussi grande différence d'opinion entre le Peuple souverain et ses plus dignes représentants. Nous vous prions donc de vouloir bien accueillir fraternellement NOS IDÉES DE RÉALISATION qui, nous en avons l'espoir, donneront satisfaction à tous les intérêts individuels, collectifs et sociaux ; nous vous prions également de nous diriger, par vos nobles conseils, dans la grande œuvre de notre Souveraineté absolue, et, par conséquent, de notre régénération individuelle et sociale ; nos misères, votre gloire, le bonheur de la France et de l'humanité, tout vous en fait un glorieux et irrésistible devoir.

Citoyens, le temps des phrases, des discussions individuelles et stériles est passé, mais celui des discussions sociales et productives commence. En conséquence, nous vous prions d'observer que ni l'antique Rome, ni la nouvelle France, ni aucune république de la terre ne nous ont encore offert LE PARFAIT MODÈLE d'un gouvernement juste et vraiment républicain. Il appartient aujourd'hui au premier Peuple souverain de donner aux nations ce divin exemple, car le Peuple français possède toutes les grandes vertus des premiers peuples de Rome, et de plus, il croit à un seul Dieu et à l'unité de l'univers! Il lui sera donc bien facile d'élever, sur des bases immuables et divines, LA PREMIÈRE RÉPUBLIQUE SOCIALE ET UNITAIRE DU MONDE, puisqu'il lui suffira d'ajouter aux vertus de la Rome païenne les véritables et angéliques vertus de la Rome chrétienne.

# ORGANISATION



DE LA

# SOUVERAINETÉ SOCIALE DE FRANCE

OU

## GOUVERNEMENT DU PEUPLE

PAR LE PEUPLE.

---

Citoyens représentants, on parle sans cesse du gouvernement du Peuple par le Peuple, de sa souveraineté et enfin du vote universel qui en est la conséquence ; mais jusqu'à ce jour nul ne nous a fait connaître quelles en sont *les grandes et véritables attributions*. Il appartient à tous les socialistes organisateurs de jeter quelque vive lumière sur ce nouvel astre populaire que les conservateurs, de priviléges, voudraient voir disparaître dans une profonde obscurité. Il appartient à tous les producteurs matériels et intellectuels, c'est-à-dire à tous les ouvriers, artistes, fabricants, négociants, agriculteurs, économistes, inventeurs et savants, ainsi qu'à tous les représentants socialistes de la France républicaine, de répondre à l'appel qui leur a été fait au nom *des impossibilistes* par l'éloquente parole du citoyen Benoît d'Azy (1), lorsque, du haut de la tribune nationale, il s'écriait : — « Montrez-nous les moyens, la possibilité de détruire la misère... osez venir ici, produisez un système, *produisez-le tout entier*, discutez-le, faites-le accepter par la raison et alors on nous verra renouveler la fameuse nuit du 4 août, et chacun de nous, dans l'intérêt de l'humanité, viendra faire ici son sacrifice. »

Citoyens, serons-nous sourds à un pareil appel? Ne serions-nous plus les fils de ces hommes de génie qui ont couvert la terre de leurs chefs-d'œuvre et rempli le monde entier de leur gloire? Ne serions-nous donc plus les dignes fils du Sauveur mort sur la croix pour la régénération et la grandeur humaine? O citoyens! que tant de gloire nous enflamme, que tant de dévouement nous inspire, et Dieu, bien-

(1) Voir le Manifeste de la Montagne, dans *la Voix du Peuple* du 25 février 1850.

tôt, daignera jeter sur nos misères sociales les trésors de sa divine parole et les splendeurs infinies de sa munificence.

Dans un travail aussi grand, aussi sérieux que celui que nous allons entreprendre de décrire, nous croyons devoir négliger les fleurs de l'art oratoire pour ne cueillir que les précieux fruits de l'inflexible logique; en conséquence, pour appuyer nos preuves d'une manière irréfutable, nous posons le syllogisme ou l'enthymème suivant :

## TOUTE VÉRITÉ EST ABSOLUE;

*Or, tout pouvoir vrai est absolu ,*

### Donc, le pouvoir absolu du Peuple souverain est la vérité !

Démontrons et prouvons par cette justice éternelle.

LE GOUVERNEMENT DU PEUPLE, ou souveraineté nationale, est absolu, intégral et unitaire, il se divise en trois grandes unités, en trois grands pouvoirs absolus, ainsi qu'il suit :

## UNITÉ DES POUVOIRS ABSOLUS.

---

*Pouvoir primitif.*

| Droit de citoyen, | UNITÉ ABSOLUE DE SOUVERAINETÉ INDIVIDUELLE , | se manifestant par le vote SIMPLE; |
|---|---|---|

*Pouvoir représentatif.*

| Droit de représentation, | UNITÉ ABSOLUE DE SOUVERAINETÉ COLLECTIVE, | s'obtenant par le vote ABSOLU ; |
|---|---|---|

*Pouvoir législatif.*

| Droit de souveraineté, | UNITÉ ABSOLUE DE SOUVERAINETÉ SOCIALE, | jugeant par le vote UNIVERSEL. |
|---|---|---|

Cette grande unité composée, ou pouvoir absolu intégral, est la tierce génératrice de notre harmonie sociale, c'est également la division que nous avons adoptée et qui va nous servir de base pour prouver, d'une manière incontestable, la vérité de la Souveraineté nationale ou gouvernement du Peuple par le Peuple.

---

# PREMIÈRE PARTIE

# DU DROIT ABSOLU DE SOUVERAINETÉ INDIVIDUELLE

## SE MANIFESTANT PAR LE VOTE SIMPLE.

> Le premier qui fut roi fut un soldat heureux;
> Qui sert bien son pays, n'a pas besoin d'aïeux.
> **VOLTAIRE.**

Qu'il nous soit permis de remonter jusque dans l'antiquité, pour démontrer l'origine du pouvoir absolu ; afin d'établir et de faire valoir nos droits à la succession de la royauté individuelle, dont nous sommes devenus, en fait, les héritiers légitimes et directs, le jour où, tombant mortellement blessée, cette royauté fut ensevelie dans son mantean royal, sous les barricades de notre glorieuse, de notre dernière et immortelle révolution de Février.

Il est prouvé par l'histoire que Romulus premier, roi de Rome, et Pharamon premier, roi de France, ne furent élevés à la royauté que par la volonté populaire ; donc, LE PEUPLE-NATION a toujours été, d'une manière absolue, le seul et légitime souverain : malheureusement pour l'humanité, il crut que le seul moyen de constituer son unité de pouvoir, était de confier à un seul de ses frères, à un seul Citoyen-souverain son droit absolu, dont le noble attribut était *de régner et de gouverner*. Cette erreur des temps primitifs, bien pardonnable sans doute, puisque nous l'avons partagée nous-mêmes de nos jours, a été la source et la cause de tous les malheurs, de tous les crimes, de tous les débordements qui ont inondé la terre d'un déluge de sang... C'est à nous, Peuples, c'est à nous, Souverains du monde, d'ouvrir la tranchée large et profonde des idées sociales, c'est à nous de créer la lumière et de faire luire *à toutes les intelligences* le soleil de la vérité ; afin de dessécher ce bourbier délétère qui infecte de ses monstrueuses erreurs un des plus beaux globes de l'univers : puisque Dieu le baptisa lui-même du nom glorieux et significatif de paradis terrestre !

Quel fut donc, Citoyens, le mauvais génie qui souffla sur ce roi, sur ce nouveau Caïn, le vent furieux et glacial de l'orgueil et de la vanité? Quelle fut cette puissance infernale qui put lui faire changer ce droit immense, le droit souverain de régner et de gouverner que le Peuple, ce nouvel Abel, si confiant et si généreux, lui avait conféré avec tant de libéralité? Quel fut ce monstre? Ce fut, oh! mon Dieu, le démon de la tyrannie né de l'égoïsme et de la corruption, cette prostituée des prétendants, des rois et des Césars.

Frères! sachons ne plus confondre, à l'avenir, la tyrannie avec *le pouvoir unitaire et absolu*, l'erreur avec la vérité, l'hypocrisie avec la religion, les systèmes avec les principes; sachons, en un mot, distinguer l'auto-da-fé des prêtres et l'échafaud des rois du trône pur et sans tache des Peuples souverains! Car, le gouvernement dur, exclusif et liberticide des partis, du despotisme et des intérêts personnels, ne fut, n'est et ne sera jamais le règne de la justice, de la raison, de l'honneur et de la fraternité. Cependant, il faut être juste et reconnaître ce qui est vrai : le temps de la terreur est passé... Le progrès marche... On ne guillotine plus en masse et par charretée, on n'émigre plus volontairement... Oh! non, et en ce doux règne de sagesse et d'excessive modération, on se contente de guillotiner individuellement, d'emprisonner sans mandat, de transporter sans jugement et de condamner, en haute-cour, à la prison et à l'exil les citoyens élevés, par la majorité de leurs frères, au rang suprême de représentants *de la Souveraineté sociale :* quelle modération... quelle justice et quelle souveraineté!

Nous croyons avoir suffisamment démontré que le Peuple a toujours été l'unique possesseur du double droit absolu de régner et de gouverner : nous prouverons à tous, que la nation française a conquis, aujourd'hui, un triple droit absolu qui donne à tous ses citoyens, sans exception, le pouvoir unitaire

**De régner par droit absolu de sanction,**
**De gouverner par droit de représentation,**
**D'administrer par droit de délégation.**

On ne nous fera pas le reproche d'éluder et de tourner les difficultés; puisque nous semblons, au contraire, prendre plaisir de les faire naître. C'est que nous voulons poser tous les principes, discuter, logiquement, toutes les objections, afin de pouvoir conclure que le gouvernement du Peuple par le Peuple est *le pouvoir souverain* le plus vrai, le plus juste, le plus unitaire, par conséquent, le plus simple et le plus facile à réaliser. Le Pouvoir républicain est le plus vrai, parce qu'il est *le seul absolu*; le plus juste, parce qu'il donne satisfaction aux intérêts particuliers et généraux de tous les citoyens, et que s'il pouvait y avoir une seule exception; cette exception, même en science civilisée, confirmerait la règle générale ; enfin, il est le plus unitaire, parce qu'il peut *se diviser* sans perdre sa triple unité, soit souveraine, soit gouvernementale, soit administrative.

Nos adversaires nous disent, avec une apparence de raison, nous concevons facilement que LA NATION, et, par conséquent, chaque citoyen, puisse régner par son droit de souveraineté ; mais, nous ne pouvons point comprendre que tout un Peuple puisse gouverner unitairement, sans déléguer à un seul citoyen le pouvoir suprême. Nous avons la ferme conviction de leur démontrer que c'est même le seul pouvoir unitaire qui puisse mériter leur entière approbation.

Forts de nos principes et de nos droits, lesquels ont été posés et soutenus, d'une manière admirable, par le Christ, reconnus par la Constitution de 89, et sanctionnés par celle de 1848, nous ne combattrons plus, désormais, qu'avec ces invincibles armes légales et pacifiques.

La Constituante de 1848 a reconnu et proclamé la souveraineté du Peuple, ainsi que le droit de se manifester par le suffrage universel ; mais, malheureusement, comme le singe du bon Lafontaine, elle n'a oublié qu'un seul point : c'était d'éclairer sa... réalisation, avec le flambeau d'une sage loi réglementaire. Toute notre seconde partie sera consacrée à réparer cet oubli : mais, avant d'entrer dans cette voie nouvelle, nous croyons devoir, pour terminer notre exposition, soumettre le moyen nouveau du suffrage universel à la rigueur de notre syllogisme, afin de pouvoir démontrer qu'il doit subir la division ternaire de son unité absolue, ainsi qu'il suit :

**Vote simple ou droit de citoyen,**
**Vote absolu ou droit de représentation,**
**Vote universel ou droit de souveraineté.**

Pour résumer cette première partie, nous rappellerons que nous avons posé les principes suivants : — Toute vérité est absolue ; or, tout pouvoir vrai est absolu ; donc, le pouvoir absolu du Peuple-souverain est la vérité ! — Eh bien ! nous constatons, dès la première phrase du préambule de la Constitution, la négation de ces principes incontestables, et, par ce fait, l'annulation de notre droit absolu de souveraineté ; en effet, la Constitution s'exprime ainsi :

« En présence de Dieu, et au nom du Peuple français, l'Assemblée nationale proclame :

» 1º La France s'est constituée en république.

» Art. 20. Le Peuple français délègue le pouvoir législatif à une assemblée unique.

» Art. 43. Le Peuple français délègue le pouvoir exécutif à un citoyen qui reçoit *le titre* de président de la république. »

N'est-il pas constant que le Peuple, après ces diverses délégations, n'a plus qu'un simple droit, qu'un pouvoir relatif et nullement absolu ; en effet, il semble en lisant ce préambule, — *Au nom du Peuple français,* — que les principaux auteurs de cette constitution équivoque se soient dit : « Faisons de nos souverains des rois fainéants, nous en serons, nous, les maires du palais. » Ils n'avaient donc pas songé que le Peuple-souverain était essentiellement travailleur ! En conséquence LE PEUPLE ENTIER doit travailler individuellement, collectivement et universellement à la réalisation DE SON CODE UNITAIRE ET SOCIAL ; afin d'assurer par une loi définitive son droit absolu de régner et de gouverner par lui-même et sans aucune délégation. Alors, voici comment commencera le préambule de sa loi souveraine et unitaire :

EN PRÉSENCE DE DIEU ! LE PEUPLE FRANÇAIS PROCLAME :

I. La nation constitue son unité composée de souveraineté absolue, sous le nom de République sociale et universelle.

II. Cette grande souveraineté constitue et consacre l'unité des pouvoirs absolus du Peuple-souverain régnant, gouvernant et administrant.

III. En conséquence, cette UNITÉ DES POUVOIRS ABSOLUS se divise en trois pouvoirs représentatifs de la souveraineté absolue du Peuple, et sont organisés ainsi qu'il suit : pouvoir exécutif, pouvoir directif et pouvoir consultatif.

Nous croyons inutile de pousser plus loin ce parallèle, et nous terminerons cette première partie en faisant une seule et dernière observation. Nous remarquons, avec une certaine surprise que, dans l'article 20 il y a une majuscule au mot Peuple, tandis que l'article 43 en est totalement dépourvu. Cette différence est tellement significative qu'il nous est impossible de croire que ce soit une erreur de rédaction, ou une faute typographique : en effet, l'article 20 signifie que la nation entière abandonne son pouvoir législatif à une assemblée unique, et, par l'art. 43, que le peuple renonce individuellement à son droit de souveraineté absolue en faveur d'un citoyen titré, et seul chargé du pouvoir exécutif : ce qui renouvelle, aujourd'hui, l'erreur fatale des temps primitifs.

Nous allons immédiatement établir et démontrer, dans notre seconde partie, que la Nation française est à jamais souveraine et absolue, et qu'elle prouvera, elle-même, par la représentation collective de sa souveraineté, que le gouvernement du Peuple par le Peuple est et sera désormais un grand pouvoir unitaire et absolu, en un mot, une incontestable vérité.

---

# DU DROIT ABSOLU DE SOUVERAINETÉ COLLECTIVE

## S'OBTENANT ET SE MANIFESTANT PAR LE VOTE ABSOLU.

---

RÉALISATION!..... RÉALISATION!....
Oh! que ce cri sauveur, oh! que ce cri sublime
Soit entendu partout, et confondant le crime,
Accomplisse, oh! mon Dieu, là Révolution!...
A. G......

On n'est grand Peuple qu'à la condition de faire
de grandes choses.
A. G......

Le Peuple ne peut plus être, comme autrefois, une machine à produire des députés. La Nation française est souveraine et absolue, elle
règne et gouverne, et LA SOUVERAINETÉ COLLECTIVE n'en est que la représentation, l'image daguerréotypée : Aussi doit-elle en être la puissance infinie, les bras, la tête et le cœur, la pensée spirituelle et rayonnante; en un mot, le pouvoir exécutif et absolu de sa volonté suprême.

Le vice capital de tous les gouvernements a toujours été une désespérante immobilité. Le Peuple doit donc établir un gouvernement de
mouvement, d'action composée, et faire circuler la vie dans tout le
corps social, depuis les plus petites fibres jusqu'au cœur; enfin, la tête
ou unité collective doit diriger ce grand mouvement, dont le corps
tout entier, qui en est le soutien, doit ressentir les précieux et inalté-
rables bienfaits. La Nation souveraine doit également donner à tous les
citoyens le moyen de concourir activement et non passivement, comme
aujourd'hui, à la grande administration du pays ; en établissant la dis-

2

cussion et la vie, le contrôle et l'approbation réciproques d'un pouvoir supérieur, par un autre pouvoir également supérieur ; en constituant, d'une manière absolue, l'UNITÉ DU POUVOIR SOCIAL, et en donnant, par ce moyen, la véritable solution des interminables questions qui ont été posées et discutées sur la présidence, sur l'incompatibilité ministérielle, sur l'inviolabilité de la représentation nationale, sur l'organisation administrative et sociale ; en un mot, en établissant notre unité de pouvoir, non sur les systèmes fugitifs des faibles combinaisons humaines, mais sur les principes éternels des sublimes lois de Dieu.

Tout le monde est d'accord sur le principe qui doit remplacer la monarchie ou pouvoir d'un seul : car ce principe est la république sociale, qui représente le pouvoir de tous ; mais comment doit s'exercer ce pouvoir ? Voilà ce que nous ne savons pas, voilà ce qui nous divise, voilà ce qu'il nous faut chercher, et comme nous avons le plus grand intérêt à le trouver, afin de pouvoir jouir paisiblement du noble fruit de nos travaux matériels et intellectuels ; nous mettrons de côté nos haines, nos passions déviées, nos discordes enfin, pour ne nous occuper que d'établir parmi nous la loi puissante de la Fraternité. Alors, seulement alors, nous trouverons dans *la réciprocité*, c'est-à-dire dans nos droits et nos devoirs, le lien qui doit unir l'intérêt personnel de chacun avec l'intérêt universel de toute l'humanité.

Les artistes, les inventeurs, les savants, les hommes de génie qui ont cherché, trouvé et créé les chefs-d'œuvre qui étonnent, même aujourd'hui, les imaginations les plus ardentes, trouveront bien facilement, sans doute, une solution simple et vraie de SOUVERAINETÉ NATIONALE ABSOLUE ET UNITAIRE ; car, ils n'y ont qu'un intérêt général, et non un intérêt particulier ; en effet, eux qui trouvent déjà la terre trop petite, pourraient-ils vouloir d'un fauteuil administratif ; non, leur ambition est plus élevée ; ils veulent que tout homme fait à l'image de la divinité trouve l'*égalité relative* à son travail, à sa bonne conduite, à son honneur, à son talent et à son esprit. Ces hommes divins, sortis tous des entrailles de la démocratie, croient enfin que la France, notre belle patrie, libre, grande et à jamais souveraine, doit conquérir, par son *règne de vérité*, de justice, de fraternité et de science, le droit de porter cette couronne immense qu'elle vient d'appuyer sur la tête de ses trente-six millions d'hommes libres qui ne peuvent plus désormais, *sans déroger*, reconnaître d'autre maître que Dieu !

Démontrons et organisons notre unité républicaine.

Nous vous prions, Citoyens, de vouloir bien remarquer que trois modifications principales, et surtout très-importantes pour nous, ont eu lieu dans la forme du gouvernement monarchique, depuis sa fondation.

La royauté fut d'abord toute personnelle, ce fut le règne du bon plaisir et de la tyrannie ; elle s'appropria le pouvoir unitaire et absolu du Peuple, dont le noble attribut était de régner et de gouverner, et Louis XIV personnifia ce règne d'une manière toute aristocratique en disant en plein parlement et la cravache à la main : « *l'Etat, c'est moi.* » — En 1814, année de grâce et de bénédictions, Louis XVIII fut forcé de faire deux grandes concessions à l'esprit public, c'est-à-dire au progrès qui s'était manifesté par suite des glorieuses époques de la Révolution et de l'Empire. Premièrement, en octroyant une Charte, et secondement, en restituant a une partie de la nation le droit souverain de gouverner : Ce fut la fondation du gouvernement représentatif des priviléges de la noblesse, du clergé et de la bourgeoisie. — Enfin, en 1830, époque des fraternelles poignées de main, Louis-Philippe fut également forcé de faire d'importantes concessions ; en subissant la Charte citoyenne, en reconnaissant que le pouvoir légitime appartenait à la Nation seule, et par conséquent au Peuple entier ; en brisant volontairement son écusson pour se revêtir de la livrée du Peuple ; en arborant enfin le drapeau de la révolution qui lui conférait le titre de roi citoyen, de roi des Français.

Par une conséquence forcée et inévitable de ces divers changements, la royauté personnelle fut ainsi modifiée : un roi régnant, dont la personne était inviolable et sacrée..... des ministres gouvernants, qui se trouvaient inférieurs au roi et supérieurs aux députés, lesquels n'étaient alors considérés que comme de simples délégués. La France se trouva également régie par deux lois différentes, par un code politique et par un code civil.

Le Peuple, en accomplissant sa glorieuse et surtout fructueuse révolution de Février, devait rentrer de nouveau dans la plénitude de tous ses droits, et proclamer sa souveraineté absolue, sa République unitaire et sociale ; enfin, il devait paraphraser et répondre à l'insolente apostrophe royale, en s'écriant d'une voix fraternelle et unanime : l'État, c'est nous !

Si l'État, c'est la Nation, n'est-il pas certain que le Peuple entier est souverain,—que le pouvoir unitaire et absolu lui appartient,—que sa triple unité souveraine, individuelle, collective et sociale, doit être inviolable et sacrée,—qu'ayant hérité de la royauté personnelle, il est passé immédiatement au rang suprême ; — tandis que les ministres seuls, n'ayant pas changé de position sociale, ne peuvent point faire partie de la souveraineté, et doivent être, au contraire, toujours responsables de leurs actes, comme ils l'étaient autrefois envers le souverain, dont ils n'étaient et ne pouvaient être que les délégués et les serviteurs ? Nous serions bien aise de savoir si un ministre, et, à plu forte raison, un simple procureur du roi, aurait osé, sous l'ancien gouvernement, poursuivre LE SOUVERAIN relativement aux coupes sombres qu'il se permettait de faire faire dans les forêts de l'État? Tout le monde répond affirmativement pour nous.

Nous avons fait remarquer que la France monarchique était gouvernée et administrée par deux codes différents: par un code politique et par un code civil. Ceci nous fait naturellement demander ce que c'est qu'un code politique, ce que c'est qu'une charte? Il est évident que c'est un acte synallagmatique qui règle les rapports réciproques entre les Peuples et les souverains, comme le Code civil règle les intérêts des citoyens entre eux. Or, LE PEUPLE FRANÇAIS étant devenu, par sa révolution de Février, le seul et unique souverain, nous serions bien aise de savoir à quel usage pourrait servir aujourd'hui un code politique? Évidemment à rien. Donc, nous devons être d'accord, non-seulement avec ceux qui demandent une large révision de la Constitution, mais encore avec ceux qui en demandent la transformation; car *la° loi républicaine*, pour être juste, doit être élaborée, discutée et enfin SANCTIONNÉE par tous les Citoyens-souverains dont elle doit régler les intérêts individuels, collectifs et sociaux. En conséquence, nous devons tous travailler, le plus promptement possible, à réunir l'ancien code politique et l'ancien code civil dans une grande loi souveraine, qui s'appellera LE CODE UNITAIRE ET SOCIAL.

Pour accomplir une tâche aussi grande et aussi glorieuse, n'est-il pas constant que nous avons besoin du plus grand calme et de la sécurité la plus absolue? N'est-il pas certain que nous avons besoin également du concours de tous les hommes de travail, de tous les hommes de cœur et d'avenir, de toutes les loyales intelligences, en un mot, de toutes les grandes et belles âmes, afin d'oser entreprendre une aussi importante élaboration sociale? N'est-il pas de la dernière évidence que nous devons signifier à tous les partis, *à tous les intérêts personnels*, qui aspirent encore à nous gouverner, que leur règne de misère, d'intrigue, de corruption et de mensonge est enfin fini pour toujours... oui, fini pour toujours? Le Peuple entier est aujourd'hui souverain! entendez-vous? Souverain absolu!... Ne l'oubliez donc plus; car il saura désormais se faire obéir... par la raison et la justice. Voilà sa force; voilà sa seule puissance; mais elle est éternelle et invincible comme Dieu.

Citoyens, avant de décrire comment nous prétendons réaliser le gouvernement du Peuple par le Peuple, nous croyons utile, pour éclairer notre démonstration, d'exposer le tableau harmonique et unitaire suivant :

# UNITÉ ET DIVISIBILITÉ

*Des Pouvoirs absolus du Peuple-Souverain.*

---

**1.**

**POUVOIRS SOUVERAINS**

LÉGISLATIFS.

**Premier degré.**
SUFFRAGE UNIVERSEL.
**Le Peuple est Souverain absolu !**

**Deuxième degré.**
SOUVERAINETÉ-COLLECTIVE UNE ET DIVISIBLE
Composée de 900 Représentants.

SECONDE MAJEURE.

**2.**

POUVOIRS SOUVERAINS

REPRÉSENTATIFS

**Troisième degré.**
SOUVERAINETÉ DU POUVOIR EXÉCUTIF
Composée de 90 Représentants.

**Quatrième degré.**
SOUVERAINETÉ DU POUVOIR DIRECTIF
Composée de 90 Représentants.

**Cinquième degré.**
SOUVERAINETÉ DU POUVOIR CONSULTATIF
Composée de 720 Représentants.

TIERCE MAJEURE.

**3.**

POUVOIRS MINISTÉRIELS

ADMINISTRATIFS.

**Sixième degré.**
ADMINISTRATION par DÉLÉGATION SOUVERAINE
Composée de tous les ministres de la République.

**Septième degré.**
ADMINISTRAT. par DÉLÉGATION MINISTÉRIELLE
Composée de tous les chefs et sous-chefs de division.

SECONDE MINEURE.

**Huitième degré.**
FONCTIONNAIRES PAR DÉLÉGATION CITOYENNE
Suffrage absolu.

Démontrons la puissance de notre harmonie sociale.

Tout travail qui manque d'ordre dans quelques-unes de ses parties, et d'ensemble dans son unité, ne peut être qu'un ouvrage incomplet et médiocre ; or, s'il est un ouvrage sérieux, qui demande un ordre et un ensemble parfaits, ainsi que le concours de toutes les nobles intelligences, c'est incontestablement LE CHEF-D'ŒUVRE HARMONIQUE ET

UNITAIRE qui doit régler le sort d'une grande Nation, de tout un Peuple libre sentant et comprenant aujourd'hui la puissance infinie de sa Souveraineté absolue ; en conséquence, si quelques ouvriers, inventeurs et infatigables, ont pu combiner un ensemble d'organisation sociale, ils n'en sont pas moins convaincus qu'il n'appartient qu'à *la généralité des Citoyens-souverains* d'en faire l'équitable et juste application. Nous penserons donc avoir rempli notre but, et être assez largement récompensé de nos peines, si nous avons pu leur indiquer ou seulement leur faciliter les moyens d'une prompte RÉALISATION, sans laquelle il n'est ni ordre, ni droit, ni aucun pouvoir absolu unitaire et social.

La Constitution, par son article 19, s'exprime ainsi : « La séparation des pouvoirs est la première condition d'un gouvernement libre. » Nous pensons, nous, absolument tout le contraire, et nous croyons que les pouvoirs du Peuplesou-verain doivent être SEULEMENT DIVISÉS ou harmonisés, de manière à ne jamais perdre leur souveraine unité.

### PREMIER DEGRÉ HARMONIQUE.

Le premier degré harmonique est incontestablement, comme on le voit au tableau, — LE GRAND POUVOIR UNITAIRE DU PEUPLE SOUVERAIN ABSOLU, — sanctionnant et jugeant seul par le suffrage universel.

Nous avons dit précédemment que le suffrage universel devait subir la division ternaire de son unité souveraine ; nous ajoutons qu'il est, en outre, de deux genres absolus :

1º — Genre passif.
2º — Genre actif.

Il sanctionne d'une manière passive toutes les fois qu'il n'existe ou ne se manifeste aucune réclamation (qui ne dit rien consent) ; mais il ne peut juger que par le genre actif, c'est-à-dire par son droit souverain de vote universel. Ce que nous venons d'établir est confirmé par l'art. 1er de la Constitution, qui dit : — « La souveraineté réside dans l'universalité des citoyens français. — Elle est inviolable et sacrée. — Aucun individu, aucune fraction du Peuple ne peut s'en attribuer l'exercice. » Un président n'étant qu'un individu, et une Assemblée n'étant qu'une fraction du Peuple, il est certain que toute *présidence individuelle* est une usurpation du pouvoir absolu du Peupleso-uverain, et l'Assemblée nationale ne doit être elle-même que le simple pouvoir représentatif de cette grande souveraineté.

### DEUXIÈME DEGRÉ HARMONIQUE.

Le deuxième degré harmonique représente la tête de la Nation, — c'est LA SOUVERAINETÉ COLLECTIVE UNE ET DIVISIBLE, — ou assemblée seulement représentative de la Souveraineté universelle ; elle ne s'obtient et ne se manifeste que par le vote absolu, et se compose *de neuf cents re-présentants*.

L'Assemblée n'étant qu'une unité collective, une simple fraction souveraine ne doit jamais parler en son nom propre, ni même au nom du Peuple ; c'est toujours, au contraire, LE PEUPLE ENTIER qui doit se manifester par *son organe* souverain tel qu'il soit. Nous avons dit que l'Assemblée souveraine était une et divisible, parce qu'elle doit, en effet, se transformer alternativement, soit en Souveraineté individuelle, soit en Souveraineté collective.

Le premier et le deuxième degré forment donc les deux seuls pouvoirs législatifs supérieurs, ayant le droit souverain et absolu d'élaborer, de discuter et de sanctionner tous les articles composant notre grand code unitaire et social, ainsi que le droit, également absolu, de veiller à la juste application de cette grande loi républicaine. C'est ainsi que nous établissons des discussions utiles et permanentes entre le pouvoir absolu et son pouvoir représentatif, tout en conservant d'une manière intégrale l'UNITÉ du gouvernement du Peuple par le Peuple.

Pour que les discussions soient permanentes, et que chaque citoyen puisse concourir *activement* à la grande administration de la République, nous avons pensé que l'Assemblée nationale ne devait jamais rester en permanence, et nous rappeler en quelque sorte, PAR SON INACTIVITÉ, les dépenses improductives des tristes ateliers nationaux ; nous l'avons donc, en conséquence, *divisée en trois pouvoirs représentatifs*, à la fois de la Souveraineté citoyenne et de la Souveraineté sociale, ainsi qu'il suit :

### TROISIÈME DEGRÉ HARMONIQUE.

Le troisième degré harmonique forme la première division de— LA SOUVERAINETÉ COLLECTIVE EN POUVOIR EXÉCUTIF—dont le siége unique est dans la capitale de la République et au palais souverain des Tuileries, qui est pour toujours celui du Peuple ; car il ne peut plus être désormais, sans les plus grands malheurs, un palais princier ou royal. Elle se compose de quatre-vingt dix représentants de la Souveraineté nationale, qui doivent être nommés, par le vote absolu, au chef-lieu de tous les départements, lesquels seront, en conséquence, portés au nombre de quatre-vingt dix.

La Souveraineté du pouvoir exécutif nomme elle-même à l'unanimité SON POUVOIR EXÉCUTIF PERMANENT composé de neuf représentants, c'est la représentation du Peuple souverain régnant.

Elle se constitue également en trois grands comités exécutifs composés chacun de vingt-sept représentants, ainsi qu'il suit :

1º—Un comité socialiste ;
2º—Un comité économique ;
3º—Un comité politique.

Nous n'entreprendrons pas, Citoyens, de décrire tout le menu détail de l'organisation du pouvoir exécutif; cette partie de notre travail étant réservée à LA NATION ENTIÈRE, lorsque nous serons parvenus enfin à constituer le véritable organe du Peuple-souverain; mais nous croyons devoir appeler immédiatement votre sérieuse attention sur la partie gouvernementale.

Le président du comité socialiste gouverne *l'instruction publique*, et les deux vice-présidents la justice et les cultes ; — le président du comité gouverne *les affaires intérieures*, et les deux vice-présidents les finances et les travaux publics ; — enfin, le président du comité politique gouverne *les affaires étrangères*, et les deux vice-présidents la marine et la guerre : c'est le Peuple-souverain gouvernant par ses trois pouvoirs représentatifs.

Les ministres ne seront donc plus à l'avenir que les délégués des Représentants de la souveraineté du Peuple, c'est-à-dire les secrétaires généraux de chaque administration.

### QUATRIÈME DEGRÉ HARMONIQUE.

Le quatrième degré harmonique forme la deuxième division de — LA SOUVERAINETÉ COLLECTIVE EN POUVOIR DIRECTIF, — dont le siége principal est au chef-lieu de département et au palais départemental ; elle se compose de quatre-vingt-dix représentants.

### CINQUIÈME DEGRÉ HARMONIQUE.

Le cinquième degré harmonique forme la troisième et dernière division de — LA SOUVERAINETÉ COLLECTIVE EN POUVOIR CONSULTATIF, — dont le siége principal est au chef-lieu d'arrondissement et au palais municipal ; elle se compose de sept cent vingt représentants.

Les Représentants de ces deux souverainetés seront nommés par le vote absolu et au chef-lieu d'arrondissement, ce qui formera neuf arrondissements par circonscription départementale, et par conséquent huit cent dix représentants à nommer : les quatre-vingt-dix citoyens qui auront obtenu le plus grand nombre de voix, dans chaque département, constitueront la Souveraineté du pouvoir directif.

Le gouvernement du Peuple par le Peuple se trouve donc divisé en trois grands Pouvoirs souverains absolus, ainsi qu'il suit :

Premièrement,—En Souveraineté INDIVIDUELLE se répandant sur toute l'étendue du territoire de la République, afin de connaître les pensées de tous les Citoyens, de s'éclairer sur les ressources et sur les besoins des plus petites localités.

Deuxièmement. — En Souveraineté COLLECTIVE se réunissant en ASSEMBLÉE LÉGISLATIVE, le troisième mois de chaque trimestre, à l'effet de coordonner et de rédiger les lois qui auront été élaborées par tous les citoyens, afin de constituer notre Code unitaire et social, de préparer les grands travaux matériels et intellectuels qui doivent concourir à la richesse, à la grandeur et à la puissance de notre belle et glorieuse république.

Troisièmement. — En Souveraineté SOCIALE se réunissant EN LIT DE JUSTICE, sur la convocation de son Pouvoir permanent, pour sanctionner et juger, par le suffrage universel, toutes les lois et ordonnances, tous les actes, quels qu'ils soient, des divers pouvoirs représentatifs de la Souveraineté nationale : c'est ainsi que le Peuple trouve le moyen de se juger *lui-même* sans perdre sa dignité ni sa puissance unitaire et souveraine.

Nous croyons avoir exposé, d'une manière lucide, comment le Peuple-Nation peut régner par son droit de souveraineté et gouverner par son droit de représentation ; nous allons faire connaître, par les sixième, septième et huitième degrés harmoniques, comment il peut administrer, sans aucune difficulté, par son droit de délégation.

SIXIÈME DEGRÉ HARMONIQUE.

Le sixième degré harmonique constitue — *l'administration par délégation souveraine,* — elle se compose de tous les ministres de la République. Chaque Citoyen représentant de la souveraineté nomme son ministre (ou secrétaire général), et chaque ministre n'est responsable qu'envers le Souverain duquel il tient la délégation.

SEPTIÈME DEGRÉ HARMONIQUE.

Le septième degré harmonique constitue — *l'administration par délégation ministérielle,* — elle se compose de tous les chefs et sous-chefs de division. Chaque Citoyen ministre nomme ses chefs et sous-chefs divisionnaires, mais il ne peut les choisir que dans le sein de chaque administration spéciale. Tout chef ou sous-chef de division est indépendants l'un de l'autre et ne relève, en ce qui le concerne, que du ministre duquel il tient la délégation.

HUITIÈME DEGRÉ HARMONIQUE.

Le huitième et dernier degré harmonique se compose—*de tous les fonctionnaires de chaque centre administratif,*—les quels sont nommés, après un concours public, par la totalité des citoyens composant chaque administration : c'est le pouvoir, par délégation citoyenne, se manifestant par le vote simple et ne nommant qu'au suffrage absolu.

Le gouvernement du Peuple se trouve donc ainsi organisé et garanti par la division harmonique DE SA DIVINE UNITÉ, car—tout fonctionnaire est responsable envers son chef ou sous-chef de division,—tout chef ou sous-chef de division envers le ministre,—tout ministre envers la souveraineté individuelle,—la souveraineté individuelle envers la souveraineté collective, — la souveraineté collective envers la Souveraineté unitaire et sociale, c'est-à-dire envers le Peuple-souverain sanctionnant et jugeant d'une manière absolue par le suffrage universel.

Citoyens, il ne nous reste plus qu'à vous indiquer, dans notre troisième partie, comment nous espérons pouvoir, en simplifiant les rouages administratifs et souverains, détruire entièrement les charges déshonorantes du monstrueux budget monarchico-républicain, ce qui nous permettra de réaliser une économie de plus d'UN MILLIARD PAR ANNÉE; comment chaque citoyen, chaque unité individuelle, en un mot, comment chaque famille souveraine pourra concourir activement à notre grande et sublime UNITÉ RÉPUBLICAINE ET SOCIALE: en régnant par son droit absolu de souveraineté, en gouvernant par son droit de représentation, en administrant enfin par son droit de délégation.

—

# TROISIÈME PARTIE

# DU DROIT ABSOLU DE SOUVERAINETÉ SOCIALE

## SE MANIFESTANT ET JUGEANT PAR LE VOTE UNIVERSEL.

Tout est dans tout! Tout touche à tout.

La science unitaire, unique en ses desseins,
Va de la terre au ciel et du ciel aux humains ;
De l'espace au fini,... partout dualisée,
Fait connaître de Dieu la sublime pensée!...
        A, G.......

Citoyens, permettez-nous une simple et courte dissertation, qui d'ailleurs est dans notre sujet, sur la phrase captieuse mise à l'ordre du jour par nos savants et profonds politiques. « Le suffrage univer-sel est au-dessus de la République. »

N'est-on pas honteux, pour nos beaux esprits, d'avoir à répondre à une pareille subtilité de langage, car si nous n'avons pas, comme eux, perdu le simple bon sens, cette phrase n'équivaut-elle pas au faux raisonnement qui suit? L'effet est préférable à la cause, l'ombre à la lumière, le mensonge à la vérité, la monarchie à la république, c'est-à-dire le désordre à l'harmonie, l'intérêt personnel à l'intérêt général. Nous ne répondrons pas nous-même à une semblable absurdité, et la Constitution, par le troisième paragraphe de son préambule, va répondre pour nous : — « La République reconnaît des droits et des devoirs antérieurs et supérieurs aux lois positives. » — Vous le voyez, Messieurs, la Constitution reconnaît, comme supérieurs à vos sophismes, la raison, le droit et la justice.

LA SOUVERAINETÉ SOCIALE, la souveraineté du Peuple, voilà le véritable et unique principe supérieur, le seul droit absolu et imprescriptible de la Nation française!!! *le suffrage universel* n'est et ne peut être que l'effet, que le moyen d'action, que la voix du Peuple entier, par laquelle il doit enfin manifester sa justice, sa puissance absolue et à jamais souveraine ; donc, nous devons retrouver la grande voix du Peuple, ainsi que sa souveraineté, sous toutes les formes, dans tout et partout ; en un mot, dans toutes LES GRANDES DIVISIONS UNITAIRES qu'il plaira au Peuple-nation de constituer : soit, en organisant la famille ou unité de souveraineté simple ; soit, en divisant les pouvoirs de sa représentation ou unité de souveraineté collective ; soit, enfin, en harmonisant toutes ces souverainetés, dans sa grande et mélodique UNITÉ DE SOUVERAINETÉ UNIVERSELLE. Tout vient du Peuple, tout doit retourner au Peuple ! La Constitution confirme, par son article 19, tout ce que nous venons d'exposer : — « Tous les pouvoirs publics, quels qu'ils soient, émanent du Peuple. Ils ne peuvent être délégués héréditairement. » — En conséquence, si nous voulons fonder un grand pouvoir unitaire, une République universelle et impérissable, reportons un instant nos regards jusqu'aux premiers jours de Rome, et alors, tout en admirant et imitant ces fiers Romains qui n'avaient, après leurs dieux, rien de plns cher que la patrie, rien de plus précieux que la liberté, SACHONS ÉVITER L'ERREUR FATALE qui fit tomber en servitude, après tant de siècles de vertus et de gloires, ce Peuple de héros... nés pour commander à l'univers !

Citoyens, ouvrons et consultons l'histoire romaine, et nous verrons que *le germe destructeur* qui devait un jour, en se développant, préparer la décadence de l'empire romain et précipiter sa chute, fut *l'erreur capitale* de son premier roi, Romulus, qui crut devoir partager le Peuple en patriciens et en plébéiens, ce qui constitua DEUX CLASSES DANS L'ÉTAT, deux pouvoirs rivaux et inconciliables ; en effet, nous lisons dans l'histoire de Rollin, page 23 de la préface, ce passage instructif : « — Deux corps se partageaient à Rome l'autorité : le sénat et le Peuple. Nous les verrons toujours aux prises l'un contre l'autre dans toute la suite de l'histoire. Une jalousie naturelle, fondée d'un côté sur le désir de dominer dans la République, de l'autre, sur celui de se conserver libres et indépendants, excitera entre eux des querelles et des combats qui ne finiront qu'avec la république même. Ce Peuple généreux qui se regardait comme né pour commander à tous ses voisins, ne pouvait consentir à se laisser réduire en une espèce de servitude par ses citoyens. De là tant de résistances aux entreprises que faisaient les grands pour se rendre les maîtres ; de là tant d'efforts faits par le Peuple pour s'égaler aux nobles, et partager avec eux les charges et les honneurs. » — Vous le voyez, malheureusement pour le Peuple, Romulus fut impuissant, malgré tout son fécond génie, à organiser, à hiérarchiser les pouvoirs de sa grande unité souveraine ; mais il fut hélas ! tout puissant, ainsi que les rois, ses successeurs, pour constituer *en permanence*, jusqu'à nos jours, le désordre, la terreur et l'anarchie.

Voilà l'œuvre des grands... voilà l'œuvre de ceux que rien n'a pu éclairer et instruire, non rien, absolument rien; ni l'histoire, ni la prison, ni l'exil, ni même l'échafaud!... Oh! jamais la grande maxime du Christ, « les premiers seront les derniers et les derniers seront les premiers, » ne fut plus vraie que de nos jours; car c'est au Peuple, au Peuple français, *éclairé par un rayon divin*, qu'il appartient de réaliser les promesses de l'homme-dieu mort sur la croix, pour la liberté et la fraternité humaines. A l'œuvre donc, à l'œuvre de la régénération sociale !

Nous avons dit, à la fin de notre seconde partie, qu'il ne nous restait plus qu'à démontrer, comment chaque famille souveraine pourra concourir, activement, à la marche de notre grande unité républicaine : c'est ce que nous allons essayer de décrire dans cette troisième partie, en faisant comprendre, en même temps, le mouvement simple et régulier des rouages administratifs et souverains du gouvernement du Peuple par le Peuple. Exposons et prouvons.

Tous LES SOUVERAINS DU POUVOIR CONSULTATIF doivent, ainsi que nous l'avons indiqué, résider au chef-lieu d'arrondissement, et dans le palais municipal. Ils ont seuls le droit de faire connaître, par proclamation, la volonté absolue du Peuple, dans toute l'étendue de leur circonscription souveraine; en conséquence, le premier acte de leur souveraineté sera la proclamation suivante :

## RÉPUBLIQUE FRANÇAISE.

### PROCLAMATION DE LA SOUVERAINETÉ CONSULTATIVE DE FRANCE.

Citoyens et bien aimés frères,

Appelé, par votre volonté souveraine, au rang suprême de Représentant de la Souveraineté sociale et universelle, j'ai l'honneur de vous faire connaître, comme chargé du pouvoir consultatif, que LE PEUPLE SOUVERAIN a décrété les ordonnances ci-dessous, que je suis heureux aujourd'hui de pouvoir proclamer.

# RÉPUBLIQUE FRANÇAISE.

## POUVOIR EXÉCUTIF PERMANENT DE LA SOUVERAINETÉ DE FRANCE.

Frères,

LE PEUPLE-SOUVERAIN présidant son grand conseil exécutif, sur le rapport qui lui a été fait par le premier vice-président du comité socialiste gouvernant la justice, et après avoir été *sanctionné* par le suffrage universel passif, décrète et rend obligatoire, dans toute l'étendue de la République, ce qui suit :

### ARTICLE PREMIER.

Il sera immédiatement élaboré, discuté, rédigé et sanctionné par la généralité des Citoyens-souverains de France, suivant la forme des ordonnances ci-après, UN GRAND CODE UNITAIRE ET SOCIAL qui devra régler seul, dans toute l'étendue de la république, tous les rapports et intérêts individuels, collectifs et sociaux du Peuple-souverain.

### ARTICLE DEUXIÈME.

La Constitution de dix-huit cent quarante-huit et l'ancien code civil resteront obligatoires, jusqu'au moment où le nouveau Code social aura reçu la sanction du suffrage universel.

Fait et décrété à Paris, au palais des Tuileries, le premier septembre mil huit cent cinquante.

LE PEUPLE.

*Par le Peuple,*
Le président du pouvoir exécutif permanent de la souveraineté sociale de France.

*Signé :* **X.**

Vu et scellé du grand sceau de la République :

Le président du Comité socialiste gouvernant l'instruction publique,

*Signé :* **X.**

## RÉPUBLIQUE FRANÇAISE.

### POUVOIR EXÉCUTIF PERMANENT DE LA SOUVERAINETÉ DE FRANCE.

Frères,

LE PEUPLE-SOUVERAIN présidant son grand conseil exécutif, sur le rapport qui lui a été fait par le président du comité économique gouvernant les affaires intérieures, et après avoir été sanctionné par le suffrage universel passif, décrète et rend obligatoire, dans toute l'étendue de la République, ce qui suit :

#### ARTICLE PREMIER.

TOUS LES CITOYENS de la République s'organiseront et se réuniront par maisons, rues et quartiers : 1º en groupes consultatifs, composés chacun de neuf familles souveraines ; 2º en groupes directifs, composés chacun de quatre-vingt-dix chefs de famille ; 3º en groupes exécutifs, composés chacun de neuf cents chefs de famille. Chaque groupe constituera son bureau et se divisera, en outre, en divers comités ou conseils souverains.

#### ARTICLE DEUXIÈME.

Les groupes *consultatifs* ne doivent représenter que la vie privée ou individuelle, laquelle doit toujours être murée ; mais les groupes *directifs* et *exécutifs* doivent être tous publics, et représenter constamment la vie sociale.

Chaque chef de groupe est responsable, envers la patrie, de tous les actes publics individuels, collectifs et sociaux de chacun de ses membres en particulier.

Fait et décrété à Paris, au palais des Tuileries, le premier septembre mil huit cent cinquante.

LE PEUPLE.

Par le *Peuple*,

Le président du pouvoir exécutif permanent de la souveraineté sociale de France.

*Signé :* X.

# RÉPUBLIQUE FRANÇAISE.

## POUVOIR EXÉCUTIF PERMANENT DE LA SOUVERAINETÉ DE FRANCE.

Frères,

LE PEUPLE-SOUVERAIN, sur l'avis unanime DE SON GRAND CONSEIL EXÉCUTIF et après avoir été sanctionné par le suffrage universel passif, décrète et rend obligatoire, dans toute l'étendue de la République, ce qui suit :

### ARTICLE PREMIER.

LA SOUVERAINETÉ COLLECTIVE, composée des pouvoirs consultatifs, directifs et exécutifs, se réunira chaque année en Assemblée législative, *le troisième mois de chaque trimestre ;* en conséquence, la première législature aura lieu le premier décembre prochain.

### ARTICLE DEUXIÈME.

LA SOUVERAINETÉ CONSULTATIVE se réunira au chef-lieu de département, sous la présidence de la Souveraineté directive, *le quinzième jour du second mois de chaque trimestre ;* afin de soumettre à une première discussion des Pouvoirs souverains les éléments sociaux élaborés par tous les citoyens, pour préparer les grands et sérieux travaux de chaque session législative.

### ARTICLE TROISIÈME.

Tous les Représentants de la Souveraineté collective devront habiter, pendant chaque législature, AU PALAIS DU PEUPLE SOUVERAIN ; en conséquence, le palais des Tuileries, l'ancien et le nouveau Louvre seront finis et préparés le plus promptement possible, afin de recevoir, d'une manière simple mais digne, les Représentants de la souveraineté populaire.

Les Représentants de la Souveraineté consultative auront, également, leurs appartements particuliers au palais départemental.

### ARTICLE QUATRIÈME.

Tous les divers pouvoirs souverains sont chargés, chacun en ce qui

les concerne, de la proclamation et de l'exécution des présentes ordonnances.

Fait et décrété à Paris, au palais des Tuileries, le premier septembre mil huit cent
cinquante.

LE PEUPLE.

*Par le Peuple ,*
Le président du pouvoir exécutif permanent de la souveraineté sociale de France.

*Signé :* X.

*Proclamé par :*
Le représentant de la souveraineté nationale, chargé du pouvoir consultatif.

*Signé :* X.

---

Citoyens,

Votre dévouement absolu pour la patrie, votre amour profond de la
justice et de la liberté vous feront comprendree sans peine tout ce que
la République attend de vos vives lumières et de votre pur socialisme.
Je me bornerai donc à vous faire connaître, par ma circulaire de ce
jour, les puissants motifs qui ont déterminé et arrêté les résolutions du
Peuple.

J'ai l'honneur de porter également à votre connaissance que je viens
de donner les ordres nécessaires afin que des localités convenables
soient mises à votre disposition pour vos discussions souveraines.

Fait à Caen, au palais municipal, le dix septembre mil huit cent cinquante.

Recevez, chers et bien-aimés concitoyens,

Mes salutations fraternelles,

X.

Représentant de la souveraineté sociale, chargé du pouvoir consultatif.

*Pour copie conforme :*
Le ministre secrétaire d'État près de la souveraineté consultative.

*Signé :* X.

---

# CIRCULAIRE

## DE LA

## SOUVERAINETÉ CONSULTATIVE DE FRANCE.

Citoyens,

La première, j'allais dire la seule condition d'un gouvernement républicain, *c'est la liberté absolue ;* mais sans aucun abus, sans aucune licence..... Qui donc peut juger avec impartialité et sans nul intérêt personnel, où finit la liberté et où commence l'anarchie ? C'est incontestablement le Peuple! C'est-à-dire la généralité des Citoyens-souverains de France jugeant sans appel, en leur grand lit de justice, par le pouvoir suprême et absolu de la voix universelle... car la voix du Peuple, c'est la voix de Dieu !

LE PEUPLE-NATION devait donc trouver dans sa sagesse et son intelligence infinies les moyens d'élever, sur des bases larges et profondes, le monument impérissable de nos grandes lois républicaines qui vont assurer enfin pour toujours la richesse, le bonheur et la souveraine puissance de toute l'humanité! Pour parvenir à réaliser cette pensée créatrice, trois choses principales devaient naturellement se présenter à l'esprit organisateur du Peuple:— 1° LA CONSTITUTION D'UN CODE UNITAIRE ET SOCIAL, devant être élaboré par tous les Citoyens-souverains de France.—2° Le moyen de réunir et d'organiser tous ces citoyens, afin de les faire concourir activement à cette importante constitution.— 3° La possibilité de faire discuter, coordonner et sanctionner cette grande unité républicaine, par toutes les souverainetés individuelles, par tous les pouvoirs composés de la souveraineté collective; en un mot, par la sublime et majestueuse Souveraineté sociale et universelle de France. Voilà les sérieuses considérations qui ont motivé les trois ordonnances décrétées par le Peuple. Nous allons examiner quelles en doivent être les précieuses conséquences et les incontestables bienfaits.

N'est-il pas évident, EN DROIT, que le Peuple-souverain ne doit point subir des lois faites uniquement pour des esclaves? Des lois qu'il n'a pas discutées et sanctionnées, et auxquelles ne comprennent rien, ni plaideurs, ni avocats, ni juges, ni même législateurs ; des lois, enfin, sur lesquelles les plaids, les parlements, les cours d'appel et de cassation ont rendu alternativement des arrêts contraires? N'est-il pas certain, EN FAIT, que le code monstrueux qui nous régit encore aujourd'hui n'est qu'une compilation de lois incertaines et obscures, dont le principe énigmatique se perd dans la nuit des temps, et qui ne représente même plus les débris, mutilés par Théodose, des grands jurisconsultes du siècle d'Antonin? Véritable labyrinthe dans lequel tout le monde s'égare, et où nul ne peut se conduire qu'à l'aide d'un filon d'or...

Si l'on parcourt un moment l'histoire universelle (1), on est frappé de douleur et d'étonnement en voyant cette quantité innombrable de lois diverses qui viennent s'ajouter au droit romain, depuis les codes de Théodose et de Justinien. Le Christianisme seul posa les bases d'un droit nouveau et unitaire, celui de la civilisation moderne, et prépara un meilleur avenir par ses principes régénérateurs. Sous le règne de Charlemagne, qui venait de reconstituer l'unité européenne, les lois barbares et romaines subsistaient encore, et furent seulement augmentées de nombreux Capitulaires, c'est ainsi que l'on nommait les ordonnances royales s'appliquant à toutes choses et réglementant les affaires du plus haut et du plus mince intérêt. Une des plus importantes institutions administratives de Charlemagne fut celle des *Missi Dominici*, des envoyés du roi. Voici quel était le but de cette grande institution : — Tous les ans des personnes investies de la confiance royale partaient pour toutes les provinces de l'empire, y portaient les nouvelles lois, examinaient l'administration des comtes et des fonctionnaires, tenaient des plaids provinciaux, recueillaient les plaintes, s'informaient des améliorations et revenaient au centre rapporter les vœux et les besoins des extrémités. Cette sage organisation permit à Charlemagne de maintenir un ordre parfait dans son vaste empire, malgré la suppression des ducs, dont le pouvoir fédéraliste fut remplacé ainsi par l'institution la plus appropriée à l'unité. — L'esprit ne reste-t-il pas confondu, lorsque l'on voit s'effacer et disparaître, par pur égoïsme, de semblables institutions et d'aussi grands éclairs de génie.

(1) Extrait du *Manuel d'histoire universelle* de Ott.

Au commencement du règne de Charles-le-Chauve, on voit briller les lois de Clovis, de Charlemagne, le code Théodosien, et les mœurs des temps antiques ; à la fin, on voit apparaître les mœurs, les lois et les coutumes chrétiennes qui devaient faire entrer l'Europe dans une voie nouvelle, car le capitulaire de Kiersy posait les bases de la féodalité. Le pouvoir papal prend de grands accroissements pendant le quatrième et le cinquième siècle, et l'Église chrétienne reste fidèle à sa divine mission. Vers l'année 556, Denys-le-Petit rédigea la plus ancienne des compilations du droit canonique qui nous soit restée. Il y fit entrer les principaux canons des conciles, et, en outre, un certain nombre des décrétales des Papes, qui reçurent ainsi une autorité aussi grande que les canons des conciles. Saint Grégoire-le-Grand fut le premier des papes qui s'intitula le serviteur des serviteurs de Dieu : Que l'Église chrétienne a changé depuis cette époque d'évangélique humilité !...

Dans le moyen-âge chaque possesseur de fief était maître et seigneur de la population de serfs de son territoire. Les grands seigneurs féodaux jouissaient, dans leur commandement, de droits tout-à-fait royaux, et leurs duchés ou comtés formaient de petits États indépendants dans le royaume. Le roi n'était que le chef suprême des seigneurs féodaux, et n'avait réellement un pouvoir royal que dans son royaume : ce n'était, comme on le voit, qu'une grande hiérarchie d'esclaves, et les royalistes d'aujourd'hui appellent cela l'unité du pouvoir royal. Louis VI vit dans la royauté quelque chose de plus qu'une suzeraineté purement féodale, et crut que c'était un devoir de son office de réprimer l'audace des grands et de protéger les classes populaires, d'intervenir comme administrateur du bien-être de tous. De lui date le principe des pouvoirs que les rois s'attribuèrent peu à peu, des actes de législation générale par lesquels le système féodal fut ruiné. Le mouvement des communes commença vers la fin du dixième siècle, et, en l'année 957, Cambrai s'insurgea contre son évêque. Les rois de France favorisaient ces mouvements de toutes leurs forces, les villes formant pour eux l'appui le plus solide contre les seigneurs féodaux. Louis VI et ses successeurs accordèrent un grand nombre de chartes, qui différaient toutes selon les villes, ce qui facilita l'affranchissement des communes. Paris et plusieurs villes importantes de Flandre jouissaient déjà, dans le onzième siècle, d'une liberté presque républicaine, et dont plusieurs, telles que Liége, Gand et Bruges, devinrent tellement puissantes que leur milice put braver les seigneurs et les rois : C'est ainsi que le peuple s'élevait au rang de la noblesse, et que la distinction des classes s'effaçait.

Sous le régime de saint Louis, des progrès décisifs furent accomplis, et l'on proclama, en droit, que chacun devait être jugé par ses pairs.—Les guerres privées et le duel judiciaire furent abolis; —les communes étaient devenues libres, et on commençait à affranchir les serfs; —Les établissements de saint Louis, un des plus anciens monuments du droit coutumier, marquèrent les premiers essais d'une législation uniforme pour toute la nation; — l'obligation imposée aux maires des villes de venir tous les ans faire vérifier leurs comptes à Paris, prépara l'entrée des communes aux parlements généraux; — l'institution, dans tous les domaines du roi, de baillis ou juges royaux à côté des juges féodaux, eut pour résultat de faire passer partout l'exercice de la justice aux mains du roi; —les limites mises à la juridiction de l'Église et la convention avec le pape régularisèrent l'action temporelle du clergé et déterminèrent les rapports avec la cour de Rome. Ainsi, la France marchait avec fermeté et constance, mais toujours avec division, vers son but progressif. L'autorité des lois barbares et des Capitulaires, comme celle des codes byzantins, s'était effacée peu à peu. Les mœurs et les usages, c'est-à-dire les coutumes, formaient la base du droit. Aussi de grandes incertitudes règnent-elles sur les points les plus importants de nos antiquités nationales, parce que toutes ces relations nouvelles n'étaient pas le résultat d'une action législative. L'esclavage personnel fut aboli en France dès le onzième siècle, mais en France seulement, et de bonne heure fut appliqué à la terre chrétienne par excellence ce principe nouveau : *Tout homme qui touche le sol français est libre de droit.* Louis X, enfin, ordonna en 1305 la libération de tous les serfs dans les domaines de la couronne.

Ce que nous avons dit peut donner une idée générale de l'ordre économique de la société au moyen-âge. La famille du seigneur, dit un auteur du temps, est divisée en trois classes : l'une prie, l'autre combat, la troisième travaille. Une haute prévision semblait avoir présidé à la distribution des fonctions sociales; mais l'inégalité ternissait encore cette organisation, et de nouveaux efforts étaient nécessaires pour réaliser un ordre social plus chrétien.

C'est au commencement du douzième siècle que l'on place la renaissance du droit romain, et ce fut alors en effet que l'enseignement de ce droit, dont cependant la connaissance avait toujours subsisté, reprit avec une nouvelle ardeur. Irnerius de Boulogne, le premier, en renouvela l'étude. Le digeste et le code furent tirés de la poussière, des glossateurs en développèrent et commentèrent les textes, et bientôt l'autorité des lois romaines égala celle du droit canonique et refoula les coutumes nationales. Les effets de ce retour au droit romain furent pour les institutions civiles ce que la scolastique avait été pour la science. Les développements des principes chrétiens furent arrêtés. Plusieurs contrées, le midi de la France, l'Italie, l'Allemagne, acceptèrent les textes romains comme droit positif; la tendance du droit civil fut de se constituer sur ce modèle; bientôt la propriété, les obligations, la prescription, etc., allaient redevenir ee qu'elles avaient été sous les derniers empereurs romains. Quel va et vient social, quel incertitude et quelle désolante confusion!

Dans le quatorzième et le quinzième siècles, il s'opère dans l'esprit des hommes une modification profonde. D'un côté, le mouvement démocratique marche et s'étend, la bourgeoisie s'organise et prend sa place, la campagne s'émeut et finit par se soulever... Dans la période qui s'ouvre, ce sont plutôt les intérêts que les principes qui sont en jeu; le progrès se fait par la violence plutôt que par l'action pacifique des pouvoirs. Cependant la majorité des hommes, dans les classes inférieures, conserve sa moralité, ses croyances sincères. D'un autre côté, la papauté, arrivée à l'apogée de sa puissance, voit briser entre ses mains la force dont elle veut abuser. Les dignitaires de l'Église, gorgés de richesses, absorbés par leurs intérêts temporels, jaloux de jouir des biens acquis... laissent échapper de leurs mains la direction morale. C'est maintenant le pouvoir des rois qui s'élève, et non-seulement il franchit les bornes que l'autorité papale lui avait imposées, mais il écrase aussi, avec l'aide du Peuple, le pouvoir des seigneurs; l'aristocratie féodale est vaincue, les constitutions nationales se fixent et se développent.

Sous Philippe-le-Bel, en 1302, on voit apparaître une troisième classe d'hommes, ce fut le tiers-état. Sur les menaces de Boniface VIII, Philippe convoque les Etats généraux, et chaque ordre séparément, le clergé, la noblesse et le tiers-état, envoie ses remontrances au pape. D'autres assemblées semblables ont lieu pendant le reste du règne, et les ordres de l'État discutent avec la royauté les impôts qu'elle veut lever sur eux.

Quant au nom d'États-généraux, il semble avoir été introduit alors par opposition avec les parlements qui devinrent à la même époque une institution régulière. Les parlements de Paris, de Toulouse et de Rouen n'étaient que des assemblées ou plaids limités à un choix de personnes habituées aux affaires. Pour les affaires importantes, cependant, on convoquait tous les barons, et les membres de la cour des pairs y siégeaient de droit. Lorsque le roi lui-même présidait cette assemblée solennelle, elle prenait le nom de *lit de justice.*

Les parlements devinrent donc les tribunaux en dernier ressort de la France. Dans l'origine ils se composaient de clercs et de nobles. Mais bientôt une classe nouvelle, celle des hommes de loi, tirée de la haute bourgeoisie, y supplanta la noblesse et le clergé. C'est sous Philippe-le-Bel que commence le règne des légistes, serviteurs dévoués de la royauté contre le clergé et l'aristocratie, mais bien souvent aussi instruments dociles de toutes les iniquités des rois. Ce furent eux qui ruinèrent peu à peu la justice féodale et établirent le principe incontestable que toute justice émane du roi; ce furent eux aussi qui enlevèrent au clergé ses droits de juridiction et les limitèrent aux matières purement ecclésiastiques.

A peine Louis XI venait-il de monter sur le trône (1461) que la ligue des seigneurs se dessina. A sa tête était le comte de Charolais qui, bientôt, sous le nom de Charle-le-Téméraire, devait succéder à son père Philippe-le-Bon, duc de Bourgogne. A côté de lui se rangeaient le duc de Bretagne, plusieurs princes de la famille royale, les ducs de Bourbon, de Berry, d'Alençon, la famille puissante des Armagnacs, le comte Saint-Pol, etc. La ligue prit le titre de *Ligue du bien public*, et marcha contre le roi. Une bataille livrée à Monthléry fut sans résultats. Le roi se renferma dans Paris, et la résistance du peuple de la capitale sauva ainsi la France d'un démembrement. Louis XI en mourant laissa la France forte et florissante, il en avait fait la nation la plus puissante de l'Europe.

Après la mort de Louis XI, la sœur du jeune roi Charles VIII, la dame de Beaujeu régnait sous le nom de son frère mineur. Aussitôt se manifeste une réaction contre le gouvernement précédent. La régente rassemble les Etats à Tours, elle fait tourner les sentiments démocratiques de cette assemblée à l'avantage du pouvoir royal, et un conseil de régence est nommé où elle garde la haute main. En vain les seigneurs ont recours à l'insurrection; leur chef, le duc d'Orléans, le descendant de Charle VI, est vaincu à Aubin-le-Cormier. Ainsi fut sauvée l'œuvre de Louis XI. Malgré la guerre des Anglais et les circonstances les plus malheureuses, la France avait marché avec énergie dans la voie du progrès. La constitution était formée. Les États généraux, les parlements, l'armée permanente, la régularité de l'impôt étaient établis. La grande féodalité était vaincue. L'aristocratie nobiliaire avait subi de rudes atteintes. L'unité nationale, représentée par un roi et sa capitale, devenait de plus en plus compacte; mais, malheureusement pour l'humanité, ce n'était pas encore l'unité du gouvernement du Peuple par le Peuple.

Jnsqu'au treizième siècle, la société marcha droit et ferme vers son but. Les pouvoirs eux-mêmes la conduisirent dans la voie progressive; les noms de Constantin, de Clovis, de Charlemagne, de Grégoire VII, marquent les points culminants des révolutions sociales. Maintenant les pouvoirs ont déserté l'initiative et les masses s'agitent en vain sans direction et sans intelligence. La foi et le dévouement ont cessé d'être les mobiles. Les instincts égoïstes et les passions gouvernent.

En religion, le protestantisme ; en politique générale, le droit des gens qui sanctionne la souveraineté par droit divin des rois, ainsi que l'équilibre européen ; tels sont les principes qui dirigent la société depuis le quinzième siècle jusqu'à la révolution française ; plus de progrès dans les institutions, plus de système représentatif, plus d'abolition de servage ! A peine s'il y eut quelques progrès intérieurs dans la constitution des États. Si le progrès des institutions fut arrêté absolument, un grand fait social fut accompli, la découverte et la colonisation des contrées situées hors de l'Europe. Mais l'œuvre réellement éclatante qui caractérise cette période de l'histoire de la civilisation, ce sont les progrès des sciences. Les mystères de la création se dévoilent enfin, l'homme se rend maître de la nature, et les moyens s'apprêtent pour la mise en pratique, large et bienfaisante, de la morale du Christ.

Pendant le quinzième siècle, au moment où la foi s'affaissait, où les pouvoirs chrétiens perdaient le sentiment de leur but et de leur devoir, l'amour de l'antiquité se réveillait avec une vive ardeur. On admira exclusivement les Grecs et les Romains, on méprisa l'art chrétien, on négligea les littératures nationales ; on appela ce retour la renaissance, dont l'invention de l'imprimerie fut l'instrument et la puissance. Pius Alde Manuce, savant distingué lui-même, venait de fonder à Venise la célèbre imprimerie des Alde, conduite pendant plus d'un siècle par lui, son fils et son petit-Fils, et destinée à reproduire tous les travaux scientifiques. Alors on étudia les textes avec soin, on les édita, les traduisit, les commenta. Les lois, les mœurs et les usages de l'antiquité furent l'objet de recherches savantes. Ce fut le bel âge des études humanistes. Cicéron devint l'homme par excellence, le génie supérieur sur lequel un doute eut été un crime.

La science du droit suivit le mouvement des études humanistes. Les méthodes scolastiques imposées au droit romain par Barthole furent secouées (1340). Alciat fut le chef d'une école nouvelle qui allia la philologie et les antiquités à l'étude de la jurisprudence, et cette école jeta un vif éclat en France au seizième siècle, sous Cujas, Donneau, Fabre, Godefroy ; mais ces travaux ramenèrent de plus en plus les esprits vers le droit romain. Le droit coutumier passa au second rang. Au lieu de perfectionner les institutions nées du christianisme, on fit retour vers les législations de l'antiquité payenne.

Sous le règne de François Ier, après que les Français eurent remporté la victoire de Cerisoles, le roi d'Angleterre, Henri VIII, allié avec Charles-Quint, envahit la Picardie. L'armée impériale entre en Champagne. Ce fut la résistance vigoureuse des masses populaires qui sauva la France. La paix fut enfin conclue à Crespy avec l'Autriche, et deux ans après avec l'Angleterre.

Dans ces guerres parut pour la première fois la nouvelle politique de l'Europe; pour la première fois on vit les intérêts matériels faire négliger toutes les différences religieuses, toutes les antipathies d'opinion; pour la première fois le roi très-chrétien s'allia avec les Turcs contre le protecteur né de l'Église: la France et le pape lui-même favorisèrent l'hérésie dans des vues purement politiques; pour la première fois, enfin, les puissances secondaires se rallièrent, suivant les circonstances, autour du moins dangereux des combattants. La guerre de Charles-Quint et de François Ier fut une véritable guerre d'équilibre européen, et quoiqu'il ne se montrât aucune règle fixe, les bases de l'état futur de l'Europe étaient posés. Mais l'excès des abus allait apppeler enfin l'excès de la vengence. Luther parut.

Le fait qui se passa alors n'a pas d'autre exemple dans l'histoire du christianisme. Le protestantisme, dans l'histoire religieuse des sociétés, n'est pas une hérésie ordinaire; le caractère qui le distingue n'est pas l'erreur dogmatique, quoique celle-ci en soit la compagne inséparable. Mais le principe dominant de toute révolution de ce genre, c'est la négation de l'unité, c'est la préférence accordée à la raison d'un seul sur la raison de tous. Protestantisme en religion, fédéralisme en politique, ces mots n'expriment qu'une même chose : la protestation de l'individu contre la société. Division entre les hommes, rupture des liens sociaux, anarchie intellectuelle et politique, tels en ont toujours été les fruits. C'est par ces conséquences qu'il faut juger et l'œuvre de Luther, et les résistances énergiques qu'il rencontra, surtout de la part de la France.

La cour en favorisant les protestants détruisait l'unité et s'aliénait de plus en plus la nation. Déjà elle s'était rendue méprisable par ses scandales. La démoralisation qui, depuis François Ier et Henri II souillait la haute noblesse de France, n'avait cessé de s'accroître. La cour était un lieu de débauches et de crimes; les amours éhontés, les adultères, les assassinats, les duels sanglants avaient passé dans les habitudes usuelles. Catherine de Médicis menait à sa suite une foule de jeunes filles destinées à corrompre et à rattacher à sa cause les hommes influents de tous les partis ; des princesses de la famille royale, comme Marguerite de Valois, donnaient l'exemple du plus vil dévergondage. Le roi Henri III résumait en lui seul toutes les hontes de cette époque. Entouré de mignons, adonné à des plaisirs infâmes, souillé par une vie efféminée, jouant hypocritement avec les choses sacrées, il perdit bientôt la renommée que sa bravoure lui avait faite.

Les chrétiens, encore une fois, se voyaient conduits à ne chercher leur salut qu'en eux-mêmes.

La nation française s'était prononcée. Les doctrines démocratiques avaient surgi au sein de la foule et étaient passées à l'état de théorie. Un souverain n'est légitime qu'en tant qu'il est fidèle aux croyances du peuple qu'il gouverne, qu'en tant qu'il obéit à la religion et aux lois nationales. Le pouvoir vient de Dieu, mais par l'intermédiaire du Peuple; LE PEUPLE SEUL EST LE VRAI SOUVERAIN TEMPOREL; il est permis de déposer les mauvais rois et d'assassiner les tyrans. Partout on enseignait ces doctrines, *le pape les appuyait,* les jésuites les démontraient dans leurs livres, la chaire chrétienne était la tribune d'où des orateurs fougueux les propageaient parmi les masses. Ce mouvement devait porter ses fruits. La sainte ligue en était née. Le pacte d'union avait été conclu dès l'année 1576, et la plupart des villes y adhérèrent.

Le trône de Henri III chancelait. Le roi de Navarre était impossible. Les uns voulaient une république, les autres la royauté du duc de Guise avec des institutions démocratiques, la réunion annuelle des États, le vote des lois, la surveillance de l'impôt, etc. La révolution était imminente! Mais une suite de circonstances funestes devaient déjouer toutes les prévisions. L'assassinat de Henri III, la conversion de Henri IV, vont coûter cher à la France et à l'Europe. La France perdit ses libertés acquises, ses idées démocratiques, enfin le principe de la souveraineté du Peuple. L'Europe gagna la politique des intérêts matériels et l'exclusion des sentiments chrétiens et moraux des relations internationales.

Les trois siècles qui viennent de s'écouler ont modifié de fond en comble la société chrétienne. Les différences qui séparent la société de cette époque de celle du moyen-âge ne sont ni moins profondes, ni moins radicales que celles qui distinguent le douzième siècle du siècle de Charlemagne, l'époque carlovingienne de l'époque de Constantin. Non-seulement la politique générale de l'Europe, l'organisation sociale, les institutions ont changé; mais nous trouvons des mœurs, des habitudes nouvelles. Nous entrons dans l'état social qui, dans les relations privées des hommes, subsiste encore aujourd'hui.

Les traités de Westphalie consacrèrent 1º l'exclusion des intérêts religieux et spirituels de la politique européenne; 2º le principe de la souveraineté absolue des rois et des princes sur les pays qui leur étaient soumis. Ces principes devaient donner une direction nouvelle à l'Europe : ce fut le règne du STATU QUO, le règne des bornes.... et le germe du principe d'équilibre européen qui devait donner naissance à la théorie du droit des gens : chacun chez soi, chacun pour soi.

La théorie devait sanctionner les faits. Hugo Grotius fut le fonda-

teur de la nouvelle science morale qui, au défaut des principes religieux, dut dominer les relations internationales. On appliqua aux nations les droits qui, suivant les docteurs, compétent à l'homme à l'état
de nature : *le droit de vivre et de se conserver,* et l'on en déduisit les droits
et les obligations des sociétés entre elles. Quoiqu'en dernier ressort
la loi suprême restât toujours la raison du plus fort, la théorie ne fut
pas sans porter des fruits pratiques. Des formes s'établirent qui ren-
dirent moins heurtées les relations égoïstes des peuples, et des adoucis-
sements furent portés aux horreurs de la guerre; il se fonda un droit
des gens, conventionnel et coutumier, basé sur les traités et les usages
reçus. La coutume d'entretenir des ambassadeurs à toutes les cours,
introduite par Richelieu, développa les relations pacifiques, et maintes
fois les négociations diplomatiques firent avorter des guerres qui
eussent dévasté l'Europe.

Le principe de la souveraineté des rois et des princes étant admis,
ceux-ci ne se préoccupèrent que de la situation extérieure, et n'intro-
duisirent d'autres améliorations intérieures que celles qui pouvaient
les servir dans leurs relations européennes. Ainsi, les forces militaires
reçurent de notables accroissements; les troupes permanentes, communes depuis le quinzième siècle, devinrent des armées sous Richelieu
et Louis XIV. Mais ce fut surtout dans les développements de l'industrie, du commerce et des colonies, que l'on chercha les ressources de
la puissance et de la prospérité, et ce furent, après les questions d'équilibre, les intérêts mercantiles qui, le plus souvent, provoquèrent les
luttes des nations.

A l'intérieur, les princes jouissaient d'un pouvoir absolu; les États-
Généraux et provinciaux, les libertés municipales, les garanties de la
justice, toutes ces institutions qui avaient jeté tant de vie sur le moyen-
âge avaient disparu; l'Angleterre seule les conserva au prix d'une
révolution. Mais les princes ne profitèrent pas des grands pouvoirs qui
leur étaient échus pour hâter les progrès des institutions; presque
partout l'administration intérieure resta sous le joug des formes mul-
tiples, confuses, embarrassées, que les siècles précédents lui avaient
léguées. Au sein d'une même nation l'inégalité et le privilége divisaient
les provinces. La noblesse, quoiqu'elle eût cessé d'être dangereuse
pour les monarques, pesait encore de tout son poids sur les bourgeois
et les paysans. Des priviléges importants la distinguaient du peuple.
Elle était exempte d'impôts; seule, elle avait accès aux honneurs et
aux hautes fonctions de l'État. Son orgueil s'était accru dans la même
proportion que son influence politique avait diminué; et quoiqu'elle
eût cessé d'accomplir une fonction quelconque, quoiqu'elle ne fût plus
qu'une plaie dévorante dans l'État, elle n'avait pas assez de mépris et

d'insultes pour ces races inférieures qu'elle se croyait appelée à dominer.

DANS LA BOURGEOISIE ET LE PEUPLE, quoique déshérités de droits politiques et sujets à tous les fardeaux, résidait la véritable force des nations. Malheureusement le tiers-état était devenu peu à peu, par la nouvelle législation sur les corporations, une classe séparée du peuple. Depuis Henri II et surtout Henri IV, en France, le travail était devenu un droit royal, c'est-à-dire un monstrueux privilége.

Le nombre des membres qui pouvaient faire partie de la corporation de chaque métier avait été limité, et il s'agissait, non-seulement pour celui qui y aspirait, de subir un long apprentissage et d'acheter la maîtrise, il devait encore payer de fortes taxes au roi. La production industrielle devint donc le privilége de quelques-uns, tandis que, d'un autre côté, le commerce en grand devint un horrible monopole.

LE SORT DES PAYSANS avait peu changé depuis le quatorzième siècle. Le servage était aboli en France ; peu à peu il s'était transformé en une sorte de métairie perpétuelle en Italie, en Espagne et en Angleterre ; il subsistait encore en Allemagne où quelques princes l'abolirent à la fin du dix-huitième siècle, mais où la révolution française seulement lui porta le coup décisif. CHARGÉ DE CORVÉES ET D'IMPOTS, livré à la discrétion des nobles de campagnes et des percepteurs royaux, le paysan était *une condition misérable,* et l'agriculture, cette véritable mère-nourrice des nations, se ressentait des charges imposées au producteur.

Sous la minorité de Louis XIV, la noblesse perdit définitivement toute puissance politique ; riche et possédant une grande partie du territoire, exempte d'impôts, séparée de la bourgeoisie par *une foule de priviléges,* elle se consola de ses anciennes prétentions par les faveurs de la cour. Le pouvoir du roi était absolu.

Le règne de Louis XIV est célèbre dans l'histoire. Depuis Charlemagne, la France n'avait jamais été si puissante ni si glorieuse : non-seulement elle domina par les armes, mais sa langue, ses beaux-arts, sa littérature, son industrie devinrent les modèles de l'Europe. C'est qu'après tant de pénibles combats, l'unité morale de la nation était conquise ; c'est que toute cette intelligence et cette force, dépensée jusque-là dans les guerres civiles, pouvait enfin s'épanouir et répandre ses fruits au loin. Mais Louis XIV usa-t-il, comme il le devait, de cette nation généreuse confiée à ses mains ? Fut-il un pouvoir comme Charlemagne et Saint-Louis ? Malheureusement non. Louis XIV identifiait l'État avec lui-même, et, comme il était fier et orgueilleux, comme il avait au plus haut degré le sentiment de sa force et de sa dignité, il maintint à sa hauteur la position de la France, étendit son territoire, et favorisa son essor dans les lettres et les arts. Mais Louis XIV avait une personnalité excessive ; il lui suffisait que sa vanité fût satisfaite, et les progrès sociaux furent étouffés sous l'égoïsme du monarque.

La dernière moitié du dix-septième siècle fut belle et glorieuse. L'Europe tremblait devant le grand roi, et la France était la première puissance du monde. L'administration intérieure, entre les mains de Colbert, créait une prospérité inattendue. L'ordre était rétabli dans les finances ; le commerce et l'industrie recevaient une protection toute particulière. Le commerce maritime reçut une législation exemplaire, la marine des accroissements immenses. On tendait enfin à réformer la législation civile et criminelle. Mais déjà, vers la fin du dix-septième siècle, s'annonçait la décadence du règne de Louis XIV. Successive-ment disparurent tous les grands hommes qui en faisaient la gloire. Louis XIV vieilli, blasé sur les jouissances, s'était jeté dans les bras de sa dernière maîtresse, madame de Maintenon, et avec elle dans la dé-votion mystique des jésuites. Colbert était mort ; on vit renaître les embarras financiers. La guerre et les prodigalités de la cour épuisèrent de nouveau le trésor. Les progrès de l'industrie et des manufactures ne pouvaient, en outre, compenser le défaut complet des progrès po-litiques que la nation était en droit d'attendre d'un pouvoir royal aussi fort, et que Louis XIV négligea complétement. Tous les jours, au con-traire, il appesantissait le despotisme, et laissa même subsister le servage dans quelques localités nouvellement réunies à la France.

Louis XV n'était âgé que de quatre ans lorsqu'il fut appelé à monter sur le trône, et la régence fut confiée au duc d'Orléans. Aussitôt se manifesta une réaction violente contre le règne précédent. Le testa-ment de Louis XIV fut cassé. Princes du sang, courtisans, parlements, jansénistes, tous relevèrent la tête. Alors le torrent des mauvaises mœurs déborda sur la France ; les grands donnèrent au Peuple l'exem-ple d'une corruption hideuse, et le palais du régent devint le séjour de la plus effrénée débauche ; alors aussi s'annonça le mouvement d'esprit du dix-huitième siècle. Voltaire paraissait, et avec lui l'incré-dulité qui attaqua toutes les croyances, les dogmes et la morale aussi bien que les institutions mauvaises et les abus existants.

A la régence devait succéder le règne de Louis XV, plus fatal et plus honteux encore. Livré tout entier aux jouissances d'une volupté sans frein, sans souci du lendemain, nonchalant et efféminé, considé-rant la France comme faite uniquement pour ses plaisirs, Louis XV fut le promoteur de l'immoralité effrayante qui rongea, pendant le dix-huitième siècle, toutes les hautes classes de la société. Madame de Pompadour venait de succéder à madame de Châteauroux comme maîtresse en titre du roi ; lasse de la guerre, elle voulut que la paix fût conclue rapidement, et la France sacrifia tous ses avantages. L'immoralité était arrivée au comble, que dis-je, elle débordait de toute part. CETTE NOBLESSE ANCIENNE, ralliée autour du trône, souillait ses noms historiques par les plus grandes infamies. Choiseul lui-même s'était fait la créature de madame de Pompadour, et *nos duchesses fameuses* ne rougissaient pas de descendre au métier de prostituées de bas étage. En même temps renaissaient les querelles des jansénistes et les prétentions des parlements. Sous madame de Pompadour, les jésuites succombèrent devant la ligue de la cour, des parlements et des philosophes ; et Choiseul fut aussi précipité par une intrigue de courtisans, dont l'instrument était la nouvelle maîtresse du roi, *la crapuleuse madame Dubarry*. Les parlements firent de l'opposition ; le chancelier Maupou cassa le parlement de Paris et exila les magistrats, et bientôt tout rentra dans l'ordre. Le despotisme des courtisans reprit son cours habituel. L'arbitraire et la malversation ne firent que s'accroître ; les lettres de cachet étaient devenues d'un usage journalier, et chacun pouvait s'en servir contre ses ennemis à prix d'argent. Les finances étaient dans un état déplorable ; les dépenses présentaient chaque année sur les recettes un déficit effrayant ; la fortune publique périssait entre les mains des courtisans avides ; une infâme spéculation sur les blés, que le peuple a flétri sous le nom du PACTE DE FAMINE, et dans laquelle trempait la royauté elle-même, condamnait les classes laborieuses à la plus profonde misère.

Tel était l'état de la France, lorsque Louis XVI succéda, en 1774, à Louis XV. Les souffrances physiques de la nation étaient grandes, les souffrances morales plus grandes encore. Comment le Peuple chrétien par excellence pouvait-il se courber sous le joug de ces courtisans hideux qui outrageaient par tous leurs actes les lois et la morale chrétienne? Comment pouvait-il reconnaître ce despotisme inouï, contraire à toute la tradition nationale, à tous les principes de liberté et d'égalité enseignés par l'Evangile? La philosophie du dix-huitième siècle avait en outre porté ses fruits. Le respect des institutions anciennes avait disparu. L'espoir de lois meilleures germait dans les têtes ; la Révolution ne pouvait tarder.

Louis XVI, homme faible, sans cœur, désirant quelquefois le bien sans jamais se donner la peine de l'accomplir, étranger, du reste, aux mœurs honteuses de son prédécesseur, obéit à la voix universelle qui qui demandait une réforme, en faisant entrer dans le ministère l'un des plus célèbres économistes du siècle, le généreux Turgot. Mais la cour de Louis XV n'était pas morte avec lui ; à sa tête était la reine elle-même, Marie-Antoinette, et les réformes de Turgot échouèrent devant une opposition invincible. Le financier Necker succomba comme son prédécesseur. La voix publique devint de plus en plus menaçante, les réformes partielles étaient repoussées avec insolence et mépris. Deux ministres de cour, Calonne et Brienne, échouèrent successivement dans cette œuvre qui, pour eux, n'était pas sérieuse. Le premier, qui avait réuni une assemblée de notables, tomba devant la vive opposition des parlements; le second convoqua enfin ces états-généraux si vivement sollicités par l'opinion, et la révolution française commença.

La Révolution française est le premier terme d'une série de faits dont l'avenir seul pourra dire les résultats. Mais ce premier terme a déjà une haute signification. D'un côté, il ferme le passé en niant toutes les idées vieillies, en détruisant toutes les institutions contraires au but; de l'autre, il ouvre l'avenir, il pose les fondements de l'édifice nouveau qui doit bientôt s'élever. La révolution, la première, a nettement formulé les principes que le christianisme avait déposés dans le sentiment des peuples, a nettement accusé le but pratique où tend la nation française depuis quatorze siècles. Elle a proclamé la liberté, c'est-à-dire la négation de toutes les entraves immorales et oppressives, la faculté pleine et entière de faire le bien, et le bien seulement; elle a proclamé l'égalité, c'est-à-dire l'abolition des priviléges, des distinctions de race, des préférence injustes, la participation de tous à tous les devoirs et à tous les droits; elle a proclamé la fraternité, c'est-à-dire la condamnation de toutes les passions égoïstes et *séparatrices*, l'exaltation de tous les sentiments nobles, bons et généreux, l'union des hommes dans la conscience d'un même but, dans le dévouement à un même devoir! La révolution a établi le principe DE LA SOUVERAINETÉ DU PEUPLE limité seulement par la morale et la justice; elle a anéanti celui de la légitimité des races royales, elle a prouvé que le dévouement et la capacité donnent seuls droit aux pouvoirs souverains; elle a consacré l'unité et l'indivisibilité de la France. La Révolution, enfin, a renversé les systèmes du droit des gens européen, nés de la paix de Westphalie. A la place de la légitimité des maisons régnantes, elle a posé la souveraineté des peuples libres; à la place des rivalités égoïstes des nations, l'union fraternelle des peuples sous UNE MÊME LOI MORALE. Le traité de Westphalie avait engendré la manie des conquêtes, la politique d'équilibre, les guerres d'intérêt; le droit des gens révolutionnaire doit produire la fédération européenne, la destruction des barrières internationales, l'égale répartition des avantages commerciaux et industriels.

Tels furent les principes éternels et indestructibles qui furent proclamés. Est-il étonnant qu'en face d'idées aussi grandes et aussi nouvelles, l'Europe monarchique se soit soulevée? Est-il étonnant aussi

que ces idées n'aient pu triompher à l'intérieur sans une lutte violente?
—Non, mille fois non, et elle se continuera jusqu'au jour glorieux DE
LA RÉALISATION! Il n'y a plus aujourd'hui de milieu possible, il faut
choisir entre la lutte violente ou la lutte pacifique, entre la force
brutale ou la force logique, entre la monarchie ou la république, c'est-
à-dire entre l'esclavage ou la liberté, entre les ténèbres ou la lumière,
en un mot, entre la mort ou la vie!

L'histoire de la révolution est celle d'une lutte permanente qui commence au moment de la réunion des États-généraux, et qui ne fi-
nira qu'au jour où sera définitivement constitué LE GOUVERNEMENT DU
PEUPLE PAR LE PEUPLE. Les représentants du tiers-état et le peuple
de Paris vainquirent dès l'abord le mauvais vouloir de la cour et les
résistances de la noblesse (1). L'Assemblée constituante commença la
série de ses importants travaux : la suppression absolue des droits féodaux, l'abolition des distinctions sociales, la destruction des priviléges
provinciaux et du monopole de l'industrie, la division de la France en
départements, une nouvelle organisation judiciaire, un nouveau système d'impôts, enfin une constitution basée en partie sur les idées an-
glaises, telle fut l'œuvre de la Constituante. En principe, mais en
principe seulement, le système représentatif était fondé... Mais, pré-
occupée de ses travaux législatifs, l'assemblée oublia les dangers qui
l'environnaient. Une aveugle confiance dans la cour, qui trahissait la
France, remplaça l'hostilité des premiers temps; une préférence mar-
quée pour les classes moyennes indisposa le peuple. Les rois de l'Europe se préparaient à la cour, la guerre conspirait avec eux, la noblesse émigrait, le clergé, irrité par la constitution civile qui lui avait
été imposée, devenait hostile à la révolution; l'idée nouvelle et le fait
nouveau étaient menacés de mort! et la Constituante, pleine de sécurité, ne songeait qu'à réprimer l'esprit révolutionnaire qui, seul, avait
régénéré la France, qui, seul, pouvait encore la sauver. Une larme
brûlante nous tombe des yeux... Oh! enseignements de l'histoire, à
qui donc servirez-vous?... Des embarras sans nombre et presque aussitôt la lutte violente, voilà ce que cette assemblée devait léguer à ses
successeurs. Lorsque l'assemblée législative s'ouvrit, le peuple et la
cour étaient irréconciliables, et la royauté fut enfin renversée.

Alors vint la Convention nationale. Nulle assemblée n'a laissé dans
l'histoire des souvenirs aussi tristes et aussi glorieux. Le salut de la
France était et devait être la loi suprême : Toute considération dut cé-
der devant cette nécessité. A l'Europe coalisée elle jette la tête de
Louis XVI; aux menées intérieures, aux efforts des royalistes, aux

(1) Extrait de l'*Histoire de Napoléon* par Norvins.

conspirations sans cesse renaissantes elle oppose la terreur et l'échafaud. La Vendée s'insurge, l'étranger envahit notre territoire : Aussitôt
des milliers de volontaires se précipitent sur les frontières, à la voix de
la patrie en danger. Une lutte intérieure, violente et acharnée, paralyse
un moment l'énergie de l'Assemblée. Les Girondins sont maîtres du
pouvoir... *Rhéteurs éloquents*, mais inhabiles aux affaires, purs élèves de
Rousseau, imbus d'idées fédéralistes intérieures, ils s'irritent contre la
prépondérance de la capitale, ils refusent les moyens révolutionnaires,
ils désorganisent tous les services. Mais le sentiment de l'unité nationale prévaut contre les passions égoïstes, et les Girondins sont sacri-
fiés au salut de la France. En ce moment les dangers redoublent, nos
armées éprouvent des revers ; le Midi se soulève à la voix des Girondins, derrière lesquels paraissent les royalistes, et la trahison livre nos
villes et nos ports. La Convention déploie alors toute son énergie et sa
puissance. Le comité de salut public la dirige ; il déjoue les complots
par une rigueur inflexible, il crée des ressources inattendues, il organise la victoire, et le succès devait couronner tant d'efforts. Mais de
tristes et regrettables excès vinrent, hélas ! ensanglanter la victoire qui
se réfugia dans les camps. Nos armées se couvraient d'une gloire immortelle, et l'Europe se voyait forcée de demander la paix. Des républiques alliées naissaient à nos portes ; les premiers fondements de la
fédération européenne étaient posés. Ce fut alors, au moment où la
France venait de triompher d'une nouvelle coalition, où le conseil des
cinq cents reprenait quelque énergie républicaine, qu'un jeune général,
qui, par ses victoires, avait acquis une popularité immense, s'empara
par un coup d'État de la direction du pouvoir.

Peu d'hommes dans l'histoire ont réuni à un degré aussi élevé, que
le nouveau chef de la France, le génie de l'administrateur, du général
et du légiste ; peu d'hommes ont joint à des conceptions aussi vastes, à
des projets aussi hardis, une exécution aussi prompte et aussi vigoureuse, une activité aussi universelle. Nul plus que lui ne reçut avec
profusion les dons de l'intelligence et du génie, et s'il avait voulu les
consacrer au développement des principes révolutionnaires, son œuvre
eût été éternelle. Mais il fut aveuglé par l'égoïsme ; il perdit de vue le
but national, et personnifia, comme Louis XIV, la nation dans lui-
même. Consul, puis empereur, admiré, flatté, tout puissant, Napoléon
oublia son origine... et, nouveau Néron, assassina sa mère : C'est ainsi
que la patrie, bonne et trop confiante, donne naissance en tous
temps... à des parricides et à des fils ingrats... Mais oublions les douleurs et les maux causés par l'Empire, qui ne reviendra jamais, pour
ne nous souvenir que de sa gloire immortelle ; car, si le despote a été
cruellement puni en allant mourir à Sainte-Hélène, le héros a été gé-

néreusement récompensé et vit, aujourd'hui, dans le temple divin et sacré de nos gloires nationales !

Hâtons-nous de dire que le général consul, que le légiste a seul droit à notre admiration, et que nous n'aurons jamais assez de mépris pour le parjure... pour l'usurpateur *des droits du Peuple*. En effet, le général bonaparte, premier consul, prête, devant le conseil des anciens, le serment suivant : A LA SOUVERAINETÉ DU PEULE, A LA RÉPUBLIQUE UNE ET INDIVISIBLE, A LA LIBERTÉ, A L'ÉGALITÉ ET AU SYSTÈME REPRÉSENTATIF. Le général Bonaparte composa son ministère de tous ses amis : Marret, Berthier, Gaudin, Cambacérès, Forfait, Laplace, Talleyrand. Sieyès proposait Alquier pour la police générale; Bonaparte, par une fatale résolution, préféra Fouché le traître. Le ministère tirait une grande force de sa composition; il ralliait au consul une foule d'opinions opposées entre elles, et commença cette fusion qui devait confondre toutes les nuances de l'ancienne loi dans la nouvelle, et présenter un asile même aux ennemis de la révolution française. Entraîné par la crainte, passion malheureuse de son cœur, Sieyès penchait encore pour les proscriptions. Ce Nestor de la liberté demanda *la déportation sans jugement* de cinquante-neuf citoyens, tant dans les déserts de la Guyane que sur la plage insalubre de l'île d'Oléron. Quoique aussi impolitique qu'injuste, ce décret fut rendu; le consul Bonaparte, mieux inspiré, en arrêta l'exécution.

Le lendemain de la proposition de Sieyès, deux décrets révolutionnaires dans la forme, mais dictés par la raison, révoquèrent les odieuses lois des ôtages et de l'emprunt forcé. Le peuple français, si heureux quand il jouit, si malheureux quand il souffre, se lança avec impétuosité dans la carrière de l'espérance, et devint, sans le savoir, le principal mobile de la puissance secrète qui fermentait sous les insignes de la liberté. Tout concourait, dans cette phase si mémorable de notre régénération, à séduire, à consoler, à exalter l'opinion. Le costume antique des directeurs et des députés fut remplacé par l'habit national. Des noms chers à nos armes reparurent à la tête de nos soldats. Un négociateur partit pour traiter à Londres de l'échange de nos prisonniers, si longtemps et si lâchement abandonnés par le Directoire dans les prisons d'Angleterre. Des hommes de la révolution, tels que Rœderer, demandèrent courageusement dans leurs écrits la clôture de la liste des émigrés. Les naufragés de Calais, détenus depuis quatre ans dans les cachots, se virent enfin rendus à liberté. Bonaparte alla lui-même au temple pour mettre en liberté les ôtages, qu'il appela, ainsi que les réquisitionnaires et les conscrits, au partage du bienfait d'une amnistie générale. L'école Polytechnique recevait aussi une direction nouvelle. Bonaparte avait deviné ce qu'on pouvait faire de la

jeunesse française : il parvint à lui donner UN ESPRIT SÉRIEUX ET MÉDI-
TATIF... par la nouvelle discipline polytechnique et par celle qui, depuis,
devint la règle des écoles militaires et civiles, dont les conseillers d'État
étaient les instituteurs, et d'où sortirent tant d'hommes distingués
dans la connaissance de l'administration civile, financière, judiciaire et
commerciale.

Enfin, pour consacrer à jamais le consulat et achever de conquérir
aux yeux de l'univers toute la renommée d'un grand homme, Bonaparte mit sous sa direction immédiate une commission composée des
plus habiles jurisconsultes, chargés d'édifier le monument européen *de
nos lois civiles.* Dans le choix des hommes qui devaient l'élever, on prit
date de l'ère actuelle ; on ne consulta que les talents ; les opinions ne
furent point considérées, et le défenseur de Louis XVI, Tronchet, vint
s'asseoir à côté du conventionnel Merlin, pour l'enfantement de notre
législation. Ainsi le premier capitaine de la France s'assurait des droits
éternels à la reconnaissance nationale par ce code qui, à lui seul, doit
l'immortaliser. La gloire de César et celle de Justinien se sont placées
sur le front de l'heureux Bonaparte, et la grandeur des institutions
semble justifier la violence du coup d'état du dix-huit brumaire. Il ne
manquait plus au guerrier législateur que d'Être aussi le fondateur d'un
véritable système politique ; mais il préféra une couronne... de martyr
à une couronne civique !

La nation se reposait enfin de tant de commotions dont aucune ne
lui avait été heureuse, dans celle que commença le 18 brumaire et
qu'acheva le 19. La mutation de Sieyès et de Royer-Ducos ne lui parut que ce qu'elle était en effet, un simple arrangement domestique.
Elle ne regardait et ne voulait regarder alors que celui qui comman-
dait et qui venait de la délivrer de tous les alchimistes révolutionnaires. Les erreurs de la Convention, les guerres civiles du Directoire,
sa vicieuse administration prouvée par l'affreuse pénurie de l'État au
18 brumaire, son mauvais gouvernement attesté par la situation de la
république, situation presque désespérée, malgré les victoires de Brune
et de Masséna, avaient amené violemment et malgré elle la France
à désirer un maître, le pouvoir d'un seul ; mais elle restait en même
temps toute républicaine. Elle avait, dans sa conscience, adopté le
système d'un état démocratique sous un président perpétuel, et elle
n'accueillit Bonaparte avec tant d'ivresse que parce qu'elle crut voir
en lui son grand magistrat, le défenseur naturel des institutions patrio-
tiques pour lesquelles elle avait répandu des flots de sang sur les écha-
fauds et sur les champs de bataille. Elle voulait survivre tout entière à
ses calamités et se constituer nation libre sous le protectorat de celui
qui avait enrichi de tant de lauriers l'autel de la patrie.

Napoléon soutint glorieusement la prépondérance du nom français; quatre fois il vainquit la coalition; nos armées parcoururent l'Europe entière, semant sous leurs pas les idées françaises. Mais ce n'était plus le but de la révolution que poursuivait l'empereur; s'il voulait détruire l'ancien équilibre européen, c'était pour le remplacer par un équilibre nouveau basé sur la prépondérance de deux grandes puissances, la France et la Russie, scellé par l'anéantissement de l'Angleterre; s'il voulait la fédération européenne, ce n'était pas l'union fraternelle des peuples libres : les nations étaient données en apanage à ses frères, à ses parents, à ses généraux; partout il intrônisait l'oppression et le despotisme dont gémissait la France. Quand, donc, le malheur fut arrivé, il ne trouva chez les populations étrangères que haine et colère, la France lasse et décimée lui refusa son appui. Vaincu deux fois, il alla mourir sur un rocher, et l'antique race des Bourbons, traînée sur les bagages des cosaques, remonta sur le trône.

La Révolution française semblait vaincue. La légitimité des races royales fut proclamée de nouveau; la Saint-Alliance rétablit l'ancien équilibre européen. Cependant l'idée qui avait poussé les Français de 89 et de 92 était immortelle, et les fruits de 25 années de sacrifices ne purent être anéantis d'un seul coup. Le système représentatif et l'égalité civile étaient invariablement acquis à la France. Le cri de liberté avait retenti jusqu'en Amérique. L'ancien système et le nouveau principe, c'est-à-dire l'ancien et le nouveau monde restèrent donc en présence. La marche réactionnaire des pouvoirs ranima la lutte. Une vaste conspiration, qui embrassait toute l'Europe entière, échoua, et la France, enfin, donna de nouveau le signal; elle répondit à *une agression violente du pouvoir* par une insurrection victorieuse, par conséquent légitime. Le vent favorable des révolutions de 1830 et 1848 devait bientôt gonfler de nouveau les immenses voiles du grand vaisseau républicain et le faire entrer majestueusement dans le port, à jamais assuré, DU GOUVERNEMENT DU PEUPLE PAR LE PEUPLE.

Citoyens, je crois vous avoir démontré et prouvé, par l'histoire elle-même, les motifs puissants qui ont déterminé le Peuple à constituer, sur des bases nouvelles et indestructibles, NOTRE GRAND CODE UNITAIRE ET SOCIAL. Il ne nous reste plus qu'à vous faire remarquer que le monument actuel de nos lois civiles et politiques ne présente déjà plus, à nos yeux étonnés, qu'un vieil édifice lézardé qui menace de s'écrouler de toutes parts..... Une vieille tour de Babel que l'on est constamment dans la triste nécessité de reprendre en sous-œuvre, croyant la faire durer quelques années de plus, en la consolidant avec de nombreuses lois exceptionnelles et interprétatives. Mais, hélas! à peine ces grossiers replâtrages ont eu lieu, soit que les matériaux aient été défectueux, soit qu'ils aient été employés par des manœuvres inhabiles, qu'il faut immédiatement les recommencer. Serez-vous donc, Messieurs les monarchistes, condamnés à rouler jusqu'à la fin des siècles ce rocher sur la montagne? Laissez là, croyez-nous, ce fardeau évidemment trop pesant pour vos mains aristocratiques; LES MAINS CALLEUSES DU PEUPLE pourront seules le fixer et le consolider pour toujours!

Voyons maintenant quels seront les fruits que nous pourrons recueillir DE L'ORGANISATION DES CITOYENS ENTRE EUX, ainsi que les rapports éminemment organisateurs et fraternels, mais surtout libres et indépendants que le Peuple-souverain a cru devoir établir entre chaque famille souveraine, et les divers pouvoirs représentatifs de la Souveraineté sociale de France.

On a dit avec raison : « Les bons gouvernements sont ceux qui servent à l'émission, au développement et à la propagation des idées. » Nous avons dit également au commencement de cette circulaire que la première condition d'un gouvernement républicain était la liberté absolue, mais sans aucun abus, sans aucune licence. C'est donc pour rester fidèle à ces deux grands principes, si féconds et si puissants, que nous avons l'honneur de vous prévenir qu'il vient d'être établi par nos soins, dans toutes les divisions et subdivisions administratives de notre circonscription souveraine, des buraux spéciaux où seront reçues tous les jours, de huit heures du matin à cinq heures du soir, *les pensées collectives écrites* de tous les citoyens et citoyennes; mais, toutefois, après avoir été discutées suivant les ordonnances décrétées par le Peuple.

Voici, en conséquence, L'ORDRE ABSOLU que doivent subir toutes les discussions et révolutions du Peuple souverain, depuis le premier degré jusqu'au degré le plus élevé de cette grande hiérarchie souveraine :

1o—Nulle pensée individuelle, écrite ou verbale, ne sera reçue dans aucuns bureaux, car il ne faut jamais confondre la vie privée avec la vie publique ou sociale; mais pour que toutes les pensées et avis puissent être recueillis, LE REPRÉSENTANT DE LA SOUVERAINETÉ CONSULTATIVE prévient tous les souverains et souveraines de France qu'il recevra les lundi, mercredi, et vendredi de chaque semaine, de huit à onze heures du matin, toutes les communications EXCEPTIONNELLES ET D'URGENCE qui pourraient être utiles, d'une manière quelconque, aux intérêts sacrés de notre glorieuse République.

2o TOUTE SOUVERAINETÉ INDIVIDUELLE qui voudra concourir activement au gouvernement du Peuple, et participer à la vie sociale, en faisant connaître ses pensées et ses besoins, devra quitter un instant la vie privée et se former *en groupe consultatif* composé de neuf familles ; ce qui constituera autant de groupes consultatifs, dans toute l'étendue de notre circonscription, qu'il y aura de fois neuf familles souveraines.

Chaque *groupe consultatif* nommera son bureau, qui sera composé d'un président, de deux vice-présidents et de trois secrétaires ; toutes les délibérations seront prises à la majorité absolue des suffrages exprimés, toutes les pièces, tant de la majorité que de la minorité, seront numérotées et annexées au procès-verbal, et resteront entre les mains du président, afin d'en faire de suite le dépôt au bureau spécial du groupe directif. Chaque groupe se divisera en trois comités, ainsi qu'il suit :

1º En comité de bienfaisance ;

2º En comité de contrôle ;

3º En comité de progrès.

Le comité de bienfaisance ne sera composé que de citoyennes et représentera ainsi *la vie privée* ; le comité de progrès ne se composera que de citoyens, lesquels devront, en toutes circonstances, représenter *la vie sociale* ; enfin, le comité de contrôle ou de justice sera mixte, et se composera de souverains et de souveraines, afin d'allier une douceur sévère à une justice inflexible.

Chaque groupe consultatif a un droit absolu de juridiction privée sur tous les membres individuels qui le constitue. Ce tribunal de paix se compose d'un juge, d'un suppléant et d'un secrétaire archiviste, lesquels devront être nommés chaque année : ils pourront toujours être réélus. Les audiences ordinaires auront lieu tous les mois. Les audiences extraordinaires ne seront accordées, par le juge, que sur la demande écrite et motivée de trois membres ; mais, aucune des audiences ordinaires ou extraordinaires ne pourront être publiques.

3º Tous les chefs de famille, *de dix groupes consultatifs* seulement, devront se réunir afin de se constituer en groupe directif qui se trouvera, par conséquent, composé de quatre-vingt-dix membres ou chefs de famille ; ce qui formera autant de groupes directifs, qu'il y aura de fois dix groupes consultatifs dans notre circonscription souveraine. Ces groupes constitueront le premier degré des réunions publiques où seront discutées les élaborations des groupes consultatifs.

Chaque *groupe directif* nommera aussi son bureau, qui sera composé d'un président, de deux vice-présidents et de six secrétaires ; toutes les délibérations auront lieu comme au groupe consultatif, mais le dépôt des pièces se fera au bureau spécial du groupe exécutif. Chaque groupe se divisera également, en trois comités, ainsi qu'il suit :

1º En comité scientifique ;
2º En comité économique ;
3º En comité artistique.

Chaque comité est composé, ainsi qu'il est facile de le voir, de trente membres. Le président du groupe directif est de droit président du comité scientifique, le premier et le second vice-président seront également ceux des comités économique et artistique ; les six secrétaires seront aussi ceux des trois comités. Ces dispositions sont applicables, pareillement, aux trois comités des groupes consultatifs et exécutifs.

Chaque groupe directif A UN DROIT ABSOLU DE JURIDICTION PUBLIQUE sur tous les membres de chaque famille, qui se trouvent ainsi représentés par leur chef respectif. Ce tribunal civil se compose d'un président, de deux juges, d'un secrétaire archiviste et d'un secrétaire audiencier, lesquels devront être nommés chaque année ; mais, il pourront toujours être réélus. Toutes les audiences seront publiques, sous peine de nullité, et l'ordre en sera réglé par le président.

4º Enfin, tous les chefs de famille *de dix groupes directifs* se réuniront afin de se constituer également en groupe exécutif qui sera, en conséquence, composé de neuf cents membres souverains ; il y aura donc ainsi autant de groupes exécutifs qu'il y aura de fois dix groupes directifs dans toute l'étendue de notre circonscription. Ces groupes constitueront le deuxième et dernier degré de nos réunions publiques, où seront rédigés, définitivement, les actes qui auront été élaborés et discutés dans les groupes consultatifs et directifs, et lesquels seront déposés, immédiatement, dans les bureaux administratifs de la Souveraineté consultative de France.

« Chaque *groupe exécutif* nommera son bureau, qui sera composé comme les autres groupes, et toutes les délibérations auront lieu comme il est dit au groupe consultatif. Chaque groupe exécutif se divisera également, comme le groupe directif, en trois comités scientifique, économique et artistique : mais, il est facile de voir que chaque comité est composé de trois cents membres, dont les présidents et secrétaires auront les mêmes attributions qu'il est indiqué au groupe directif.

Chaque groupe exécutif A UN DROIT ABSOLU DE JURIDICTION SOCIALE sur tous les membres de chaque famille individuelle, lesquelles se trouvent, ainsi, sous une juridiction privée et sous deux juridictions publiques ; par conséquent, *chaque chef de famille* se trouve donc responsable, envers la patrie, des actes privés ou publics de tous ses membres. Ce tribunal criminel se compose d'un président, de quatre juges, de deux secrétaires archivistes et de deux secrétaires audienciers, lesquels seront nommés, tous les ans, à la majorité absolue des suffrages ; mais ils pourront toujours être réélus. Toutes les audiences seront publiques, sous peine de nullité, et l'ordre en sera réglé par le président, et proclamé en audience publique.

LE DROIT FRANÇAIS se trouvera donc divisé, suivant les résolutions du Peuple, ainsi qu'il suit : en droit privé, en droit public, en droit social et, enfin, EN DROIT ABSOLU DE SOUVERAINETÉ UNIVERSELLE !

Cette grande organisation judiciaire permettra alors à la Nation française de pouvoir proclamer et réaliser une des plus grandes vérités du règne de saint Louis : « *En droit chacun doit être jugé par ses pairs.* » Il est à remarquer et digne de nos profondes méditations, que la loi d'aujourd'hui, qui ne devrait juger que fraternellement, condamne et déshonore ceux qu'elle semble vouloir seulement corriger et moraliser.... Horreur et infamie, voilà la loi ! Cependant, citoyens, cette prétendue justice, cette flétrissure coûte, suivant les calculs positifs du président de la République (1), la monstrueuse somme de plus de quarante-six millions par année. Singulière justice gratuite rendue, suivant l'article 81 de la Constitution, au nom du Peuple français.

Il est facile de voir que l'ORGANISATION DES CITOYENS ENTRE EUX, décrétée par le Peuple, est composée, c'est-à-dire judiciaire et sociale ; nous avons indiqué sommairement la première partie, voyons quels seront les avantages que la Nation pourra retirer de la partie législative et sociale.

Si nous nous reportons un instant aux délibérations de la Constituante de 1848, nous serons tous frappés aujourd'hui, peut-être elle-même aussi, de son abondance stérile, et parmi ses grandes élaborations, parmi ses nombreux travaux inutiles, nous remarquerons avec douleur la loi qui charge toutes les autorités en général et les juges de paix en particulier, de recueillir auprès *de chaque citoyen de la ville et de la campagne* tous les éléments nécessaires et indispensables pour constituer l'importante LOI SUR L'ORGANISATION DU TRAVAIL. Personne n'a encore entendu parler, ni lu dans *le Moniteur*, plus ou moins officiel, que ces documents si sincèrement demandés soient arrivés au ministère des travaux publics, et que nous soyons bientôt dotés de cette laborieuse loi sur la production et.... j'allais dire sur la consommation. Oh ! doucement, de cette loi d'abondance on ne parle pas encore ; mais, si elle était présentée sous quelques jours, soyez certains que les ventrus et les

_______________

(1) *Extinction du Paupérisme,* page 7.

viveurs en voteraient immédiatement la prise en considération et même
l'urgence. Certes, on ne renverrait pas cette bienfaisante loi, comme
sa sœur, à la prochaine... législature, pour y être discutée avec cette
autre loi, si impatiemment attendue, *de la responsabilité ministérielle.*
Mais, qui donc ose parler de responsabilité? Qui donc, grand Dieu!
en ce siècle de désordre et d'anarchie sociale, pourrait répondre de
lui?... Attendez! et bientôt vous le verrez...

En attendant.... que les autorités se décident à faire parvenir au
ministère les fruits mûrs de leurs longues délibérations, et que nos
gouvernants soient en mesure de tenir leurs promesses républicaines
et monarchiques; voilà comment *le gouvernement du Peuple par le peuple,*
va créer et réaliser ces précieux documents, et cela, dans l'espace de
trois mois au plus : mais, il faut en convenir, citoyens, il est vrai que
tout le monde aura travaillé, et que personne n'aura été salarié; que
tous les souverains de France se trouveront assez largement récom-
pensés par leur amour et leur entier dévouement à la Patrie!

Supposons donc qu'à partir du premier septembre, époque de la
proclamation des ordonnances décrétées par le Peuple, *tous les citoyens*
aient enfin compris l'importance d'établir, sur des bases générales et
par conséquent indestructibles, LEUR GRANDE UNITÉ SOUVERAINE, et qu'au
premier octobre suivant ils se soient tous organisés, sous les mêmes
dénominations que les pouvoirs représentatifs de la Souveraineté sociale
de France, c'est-à-dire en groupes consultatifs, directifs et exécutifs,
il est certain et incontestable que chaque famille individuelle, que tout
pouvoir collectif, que toute la grande famille française, en un mot, que
le premier Peuple-souverain du monde aura conquis, par sa seule
puissance et pour toujours, LE DROIT ABSOLU DE RÉGNER par droit de
sanction, *de gouverner* par droit de représentation, *d'administrer* par
droit de délégation : Voici comment.

Par le premier article du troisième décret du Peuple, la Souveraineté collective, composée des pouvoirs consultatifs, directifs et exécutifs de France, doit se réunir en assemblée législative le premier décembre prochain.

Par le deuxième article du même décret, la première réunion de la
Souveraineté consultative aura lieu au palais départemental, sous la
présidence de la Sou eraineté directive, le quinze du mois de novembre
précédent.

Toutes les familles, COMPOSANT CHAQUE GROUPE CONSULTATIF, devront
donc se réunir et s'entendre pour élaborer, discuter et rédiger leurs idées
individuelles et collectives, afin de pouvoir les déposer, le plus promptement possible, au secrétariat *du groupe directif.* Ces idées primitives
devront toujours servir d'élément et de base, aux importants travaux

de chaque législature; en conséquence, elles porteront d'abord plus particulièrement sur la constitution de notre grand code unitaire et social, sur l'organisation du suffrage universel, sur la division des pou-voirs représentatifs et absolus de la Souveraineté unitaire de France, sur l'organisation de la production et de la consommation nationales, par le travail libre, intégral et unitaire : sans maîtres, sans ouvriers, sans employés, sans domestiques, sur l'extinction du paupérisme et les honteuses charges de la société; enfin, sur l'instruction ou pour mieux dire sur *l'éducation sociale et privée*, sur les travaux publics, les finances, la marine, la guerre, la canalisation, les routes et les chemins de fer, le dessséchement des marais, la reconstitution de la grande culture, le défrichement des landes et le reboisement des montagnes, etc.

Tous les chefs de famille, COMPOSANT CHAQUE GROUPE DIRECTIF, se réu-niront afin de discuter, de rédiger et de soumettre à une première direc-tion tous les éléments sociaux qui leur auront été soumis par les groupes consultatifs. Il en sera fait un classement ou résumé qui sera remis immédiatement, par le président, au secrétariat du groupe exécutif.

Tous les chefs de famille, COMPOSANT CHAQUE GROUPE EXÉCUTIF, se réu-niront également afin de soumettre à une dernière discussion et rédac-tion les diverses pièces qui leur auront été déposées par le président du groupe directif. Après que tous ces documents auront été discutés et rédigés de nouveau, chaque résumé sera mis par ordre alphabétique et de numéro ; les pièces à l'appui, tant de la majorité que de la minorité, seront réunies et attachées ensemble, et chaque liasse double portera le même numéro que chaque feuille ou résumé. Toutes ces pièces ainsi classées seront déposées immédiatement, par le président, au secrétariat général du Représentant de la Souveraineté consultative.

Citoyens, c'est alors que commence le grand travail législatif DES DIVERS POUVOIRS REPRÉSENTATIFS de votre Souveraineté absolue.

D'abord, tous les chefs et sous-chefs de bureau compulsent toutes les pièces qui leur ont été remises et mettent en lumière tout ce qui leur paraît nécessaire à la formation de chaque loi spéciale, et, lorsque ces divers travaux sont finis, ils en font le dépôt au cabinet de notre *ministre secrétaire d'État* qui, secondé des chefs et sous-chefs de divi-sion, fait lui-même un rapport détaillé sur toutes les propositions lui paraissant devoir être converties en loi pendant le cours de la pro-chaine législature. Ce rapport nous est immédiatement soumis ; et après avoir été approuvé par nous en conseil, toutes les pièces primitives et justificatives, tous les résumés et discussions des divers groupes sou-verains, tous les rapports ministériels sur chaque loi spéciale sont réunis, numérotés et mis en ordre ; toutes les liasses doubles, ainsi que le portefeuille, sont déposées dans les coffres de notre voiture, et nous

nous rendons, le ministre et moi, le quinze de novembre, au chef-lieu de département, sous la présidence de LA SOUVERAINETÉ DU POUVOIR DI-RECTIF, suivant les ordres donnés par le Peuple. C'est ainsi que se trouvent formées, dans tous les départements, les premières assemblées législatives, où seront rédigées les ordonnances et les lois relatives à chaque localité, lesquelles devront être rédigées, coordonnées et transformées définitivement *en lois républicaines et unitaires* par tous les Représentants de la Souveraineté sociale. En conséquence, la Souveraineté collective devra se trouver réunie à Paris; au palais du Peuple-souverain, le vingt-neuf du mois de novembre, afin de pouvoir mettre en ordre, d'accord avec les comités socialiste, économique et politique du pouvoir exécutif, les nombreux travaux élaborés par la sagesse et l'intelligence DE TOUS LES CITOYENS DE FRANCE.

Pendant ce fructueux enfantement social que je viens de vous esquisser, LA SOUVERAINETÉ DU POUVOIR EXÉCUTIF n'était pas restée, comme celles qui l'ont précédée, dans une active et voluptueuse paresse, dans une royale et laborieuse immobilité. De nombreux et judicieux traités d'alliance et de commerce avaient été négociés et arrêtés avec tous les peuples de la terre, et n'attendaient plus, pour être loi définitive, que LA SANCTION DU PEUPLE. Elle avait proclamé de nouveau, au nom de l'humanité régénérée, et à la face satanique des despotes, des égoïstes et des phraseurs, que tout homme devait être libre en droit et en fait sur toute l'étendue du globe, et ne plus former à l'avenir qu'une grande fédération populaire et souveraine. Elle avait fait connaître immédiatement aux peuples et aux rois, c'est-à-dire aux persécutés et aux persécuteurs, que le glorieux empire français était enfin, pour toujours, le trône de la liberté et le tombeau de la tyrannie ; mais sa justice républicaine proclamait aussitôt qu'une douceur angélique et inépuisable serait exercée envers nos malheureux frères, qu'une monarchie hypocrite, cruelle, sanguinaire et corrompue avait, *par ses affreux exemples*, jeté dans le crime et la plus honteuse démoralisation. Enfin, elle avait aboli, aux acclamations frénétiques de tous ceux qui ont horreur de verser le sang, ces armées permanentes d'esclaves qui n'existaient même pas sous le règne de la barbarie, et qui ne furent que le fruit sanglant des diaboliques et fratricides inventions des rois dans le milieu du quinzième siècle. En conséquence, attendu *en droit* que tous les citoyens de France sont souverains, ils ne devront plus former, à l'avenir, que les cadres dévoués et instruits d'une grande chevalerie libre et fraternelle, armée seulement pour la défense et la propagation de la foi sociale et universelle : mais, attendu *en fait* que le titre de CITOYEN est maintenant en France le synonyme exact de SOUVERAIN, c'est-à-dire la représentation de la puissance divine, il ne sera porté et accordé que par des hommes purs, libres, dévoués et prêts à tout sacrifier, non-seulement aux intérêts et à la gloire de la République, mais encore aux intérêts sacrés et à la grandeur de l'humanité.

Frères, tous ces importants travaux, accomplis par LA NATION SOUVERAINE, *justifient* pleinement les six millions de voix populaires qui ont honoré le souverain chargé par vous *de la présidence du pouvoir exécutif*. Nous croyons que rien ne peut mieux faire apprécier votre choix, et récompenser plus dignement votre élu que de remettre sous vos yeux les incontestables vérités qui ont été publiées, par lui, dans cette petite brochure de *l'extinction du paupérisme,* si précieuse et si riche en grands renseignements. Voici ce qu'on relit toujours avec un nouveau plaisir, pages 7 et 8, dans un bel article intitulé : *Organisation.*

« Les masses sans organisation ne sont rien ; disciplinées, elles sont tout. Sans organisation elles ne peuvent ni parler ni se faire comprendre ; elles ne peuvent ni écouter ni recevoir une impulsion commune.

» D'un côté, la voix de vingt millions d'hommes éparpillés sur un vaste territoire se perd sans échos ; et de l'autre, il n'y a pas de parole assez forte et assez persuasive pour aller d'un point central porter dans vingt millions de consciences, sans intermédiaires reconnus, les doctrines toujours sévères du pouvoir.

» Aujourd'hui, LE RÈGNE DES CASTES EST FINI : ON NE PEUT GOUVERNER QU'AVEC LES MASSES ; il faut donc les organiser pour qu'elles puissent formuler leurs volontés, et les discipliner pour qu'elles puissent être dirigées et éclairées sur leurs propres intérêts.

» Gouverner, ce n'est plus dominer les peuples par la force et la violence ; c'est les conduire vers un meilleur avenir, en faisant appel A LEUR RAISON ET A LEUR CŒUR.

» Mais comme les masses ont besoin d'être instruites et moralisées, et qu'à son tour l'autorité a besoin d'être contenue et même éclairée sur les besoins du plus grand nombre, il est de toute nécessité qu'il y ait dans la société deux mouvements également puissants : *une action du pouvoir sur la masse et une réaction de la masse sur le pouvoir.* Or, ces deux influences ne peuvent fonctionner, sans choc, qu'au moyen d'intermédiaires qui possèdent à la fois la confiance de ceux qu'ils représentent et la confiance de ceux qui gouvernent. Ces intermédiaires auront la confiance des premiers dès qu'ils seront librement élus par eux ; ils mériteront la confiance des seconds dès qu'ils rempliront dans la société une place importante, car on peut dire, en général, que l'homme est ce que la fonction qu'il remplit l'oblige d'être.... »

N'est-il pas constant que notre pouvoir exécutif est resté fidèle, dans l'organisation des masses, aux grands principes que nous venons de rappeler. En conséquence, ne sommes-nous pas en droit de nous écrier avec notre intelligent et honorable président : « Quand on a l'honneur d'être à la tête du Peuple français, il y a un moyen infaillible de faire le bien, C'EST DE LE VOULOIR. »

Voilà les instructions fraternelles que nous avons cru devoir mettre sous vos yeux, afin de vous indiquer la valeur réelle et sociale des trois ordonnances décrétées PAR LE PEUPLE. C'est à vous, c'est à votre patriotisme, à votre haute intelligence de suppléer à tous les détails que nous avons été forcé de négliger, et de nous aider dans la tâche difficile, mais à jamais glorieuse et immortelle, de régner, de gouverner et d'administrer suivant les intérêts individuels, collectifs et sociaux, suivant les nobles et grandes pensées de la Nation la plus chevaleresque et la plus éclairée du monde !

Hâtez-vous de vous organiser, faites-nous connaître *vos idées souveraines*, confondez, par votre calme et votre pure logique, les ignorants, les princes, les rois, les intrigants et *les impossibilistes*. Marchez ! Marchons tous avec la raison et la justice, et l'avenir est à nous !

Recevez, chers et bien aimés concitoyens,

Notre salut d'espérance et de fraternité.

### X.

Représentant chargé du pouvoir consultatif.

Publié à Caen, le dix septembre mil huit cent cinquante.

*Pour copie conforme :*

Le Ministre secrétaire d'État,

*Signé :* **X.**

# QUATRIÈME PARTIE

# CONSIDÉRATIONS GÉNÉRALES

ET

### RÉSUMÉ DU GOUVERNEMENT DU PEUPLE PAR LE PEUPLE.

Place au droit!!... Dieu le veut!!..
                        Vᵗᵉ D'ARLINCOURT.

J'ai vu l'impie adoré sur la terre;
    Pareil au cèdre, il cachait dans les cieux
        Son front audacieux;
Il semblait à son gré gouverner le tonnerre,
    Foulait aux pieds ses ennemis vaincus :
Je n'ai fait que passer, il n'était déjà plus.
                        RACINE.

PLACE AU DROIT, dites vous, Dieu le veut! — Oui, et de plus, Messieurs les monarchistes, Dieu vous ordonne de le respecter. Mais de quel droit entendez-vous donc nous parler? Est-ce du droit monarchique ou du droit républicain, du droit d'un seul ou du droit de tous, du droit relatif ou du *Droit absolu*? Ne serait-ce point par hazard le droit de la force brutale ou de cachet, le droit de justice féodale ou d'assassinat, le droit de torture corporelle et morale, le droit de séquestration, de transportation et d'oubliette ; le droit d'aînesse, de jambage, de dîme, de corvée, d'insolence, d'arbitraire et de bon plaisir que vous voudriez restaurer et nous imposer? Dieu nous a fait connaître, et à vous aussi, que sa justice est un droit unitaire, *une vérité absolue :*

en conséquence, permettez nous d'acclamer, avec vous ou sans vous
et l'histoire à la main, cette grande unité composée, cette justice
éternelle... PLACE AU DROIT divin, au droit français, c'est-à-dire place
aux nations, place aux globes, et, dans l'incommensurable éternité,
place aux Peuples, place à Dieu !...

Notre Droit à tous! le voilà, le voici :

## TOUTE VÉRITÉ EST ABSOLUE ;

*Or, tout pouvoir vrai est absolu ;*

### Donc, le Pouvoir absolu du Peuple-Souverain est la vérité !..

Il est facile de voir dans l'exposition de ce travail, et de se convaincre par notre tableau d'accord-parfait, que *l'unité des pouvoirs absolus
du Peuple-souverain* est organisée sur les rigoureux principes que nous
venons de rappeler : or, si la nation pouvait régner, gouverner et
administrer par elle-même, il est certain que son unité composée
pourrait être réduite en enthymême, c'est-à-dire en antécédent et
en conséquent ; car il est incontestable que si chaque citoyen est souverain absolu, tous les citoyens sont nécessairement souverains absolus,
et cela, d'une manière unitaire. Mais, comme nous l'avons exposé
et démontré, le Peuple ne peut régner que par son droit composé de
Souveraineté individuelle et sociale ; ne peut gouverner que par son
droit également composé de Souveraineté collective ou de représentation ; enfin, ne peut administrer que par son droit toujours composé
de délégation souveraine. Ceci demande une simple et logique expli-
cation : suivons.

LA SOUVERAINETÉ RÉSIDE, disent la justice et la constitution, DANS
L'UNIVERSALITÉ DES CITOYENS FRANÇAIS ; voilà le conséquent bien défini,
bien constaté, bien reconnu, mais tout conséquent demande un antécédent, car le droit appelle le fait... et la négation du fait est la négation absolue du droit ; or, nous croyons avoir établi, d'une manière
irréfutable, que l'antécédent de cette grande unité absolue, que l'élément primitif de cette puissante Souveraineté sociale était la famille ou
le droit de citoyen, c'est-à-dire *l'unité absolue de Souveraineté individuelle*
se manifestant par le vote simple. Remarquez que nous disons individuelle et non pas personnelle, ceci est capital ; attendu que la person-
nabilité n'est qu'une division de l'invidualité, et ne présente à notre
esprit que des êtres incomplets et improductifs : aussi les prêtres et les
charlatans, les religieuses et les filles publiques, les frères ignorantins
et les débauchés, en un mot, tous ces mulets sociaux, qui ne satisfont
jamais légalement aux lois naturelles, sont-ils constamment en insur-

rection avec les lois sociales ; ils mentent à Dieu, à la nature et aux hommes, sont presque tous un sujet de scandale, et généralement, enfin, une calamité publique.

Les races royales et les familles nobles se sont placées elles-mêmes dans cette catégorie : en se mettant en dehors de la Nation française, en déclarant que leurs personnes étaient inviolables et sacrées, en proclamant bien haut qu'elles n'étaient point du même sang que *cette vile multitude,* avec laquelle leurs seigneuries ne devaient jamais s'allier, autrement, que pour la déshonorer... Mais,

Par un juste retour des choses d'ici bas.

Voilà que cette vile multitude s'avise de discuter son droit, de songer à sa souveraineté, de s'instruire, de raisonner et de prendre, comme dit l'histoire, un esprit sérieux et méditatif ; tandis que, de leur côté, les classes à priviléges se font honneur de leur intrigue, de leur folle dissipation, de leur crétinisme et de leur infime ignorance. Dieu, lui-même, daigna nous protéger et nous purifier, en faisant sortir du sein de cette multitude ces êtres vils et méprisables, ces écumeurs sociaux que l'on voyait, avec douleur, au foyer et à la table du généreux Laffitte, et qui, après avoir été réchauffés par lui, comme le serpent de la fable, faisaient entendre leurs sifflements sinistres et jettaient, sur leur digne bienfaiteur, leur venin dégoûtant et empoisonné... Oh ! vous aviez bien raison, mon Dieu, ces rebuts de la vile multitude ne devaient pas rester avec la grande Nation, avec le généreux Peuple ; non, ils devaient être les exécuteurs des hautes-œuvres des grands, et appartenir pour toujours à cette intelligente noblesse. Ainsi donc, *l'individu social,* c'est-à-dire la famille ; voilà l'élément et la note tonique de notre Souveraineté universelle, de notre sublime harmonie républicaine, comme *la personnalité* fut, en tout temps, la note sensible de l'effroyable charivari monarchique.

Le Peuple souverain français règne donc directement, par son droit composé de Souveraineté individuelle et de Souveraineté sociale ; mais il ne gouverne et n'administre qu'indirectement, par son droit composé de Souveraineté collective ou de représentation ; et ce sont les Représentants qui confèrent la délégation ministérielle.

Par son pouvoir souverain individuel, tout citoyen, âgé de dix-huit ans et sachant lire et écrire, possède le droit absolu d'initiative ; mais comme nous l'avons déjà fait connaître, chaque proposition doit être soumise à une discussion privée dans le groupe consultatif, et à deux discussions publiques, dans les groupes directif et exécutif, avant d'être déposée au secrétariat général du Représentant chargé du pouvoir consultatif. Puis ensuite, toutes ces propositions sont, de nouveau,

5

discutées, coordonnées et converties définitivement en lois unitaires, par les divers pouvoirs représentatifs de la Souveraineté sociale; *le Président du pouvoir exécutif permanent* promulgue ces lois qui sont proclamées et affichées, pendant huit jours, dans toute l'étendue de notre glorieux empire républicain. C'est alors et pour la première fois, que la généralité des citoyens, que LA SOUVERAINETÉ SOCIALE DE FRANCE est appelée à se prononcer, *par son vote universel*, sur la manière dont ses Représentants ont cru devoir interpréter son pouvoir législatif, ainsi que sur la valeur réelle des lois et ordonnances soumises à SA SOUVERAINE SANCTION passive ou active. Les prétendants légitimistes, orléanistes et bonapartistes oseront-ils nous contester *ce droit unitaire et absolu,* eux qui renient et contestent tout, après avoir lu, dans les chartes de 1814 et de 1830, *les droits relatifs* du roi qui ont toujours été LES DROITS ABSOLUS du Peuple.

### FORME DU GOUVERNEMENT DU ROI, *lisez* DU PEUPLE.

12. « La personne du roi est inviolable et sacrée. Ses ministres sont responsables. Au roi seul appartient la puissance exécutive.

13. « Le roi est le chef suprême de l'État; il commande les forces de terre et de mer, déclare la guerre, fait les traités de paix, d'alliance et de commerce, nomme à tous les emplois d'administration publique et fait les règlements et ordonnances nécessaires pour l'exécution des lois, etc.

14. « La puissance législative s'exerce collectivement par le roi, la chambre des pairs et la chambre des députés.

15. « La proposition des lois appartient au roi, à la chambre des pairs et à la chambre des députés. Néanmoins, toute loi d'impôt doit être d'abord votée par la chambre des députés.

16. « Toute loi doit être discutée et votée librement par la majorité de chacune des deux chambres.

17. « Si une proposition de loi a été rejetée par l'un des trois pouvoirs, elle ne pourra être représentée dans la même session.

18. « LE ROI SEUL SANCTIONNE ET PROMULGUE LES LOIS.

48. « Toute justice émane du roi; elle s'administre en son nom par des juges qu'il nomme ou qu'il institue.

53. « Nul ne pourra être distrait de ses juges naturels.

58. « Le roi a le droit de faire grâce et celui de commuer les peines. »

Ainsi, comme on le voit, si la Constitution n'est pas une charte-vérité, une promesse de Juillet, en un mot, un acte monarchique, il est incontestable QU'A LA NATION SEULE, qu'au Peuple-souverain appartient le droit *de sanction* : par conséquent, toute loi fondamentale ou organique est nulle de droit et de fait, si elle n'a pas été sanctionnée PAR LE SUFFRAGE UNIVERSEL. Si nous sommes véritablement Souverains, ce dont on voudrait nous faire douter, mais en vain, nous prétendons n'avoir donné à la Constituante et à la Législative que le simple droit de faire des lois, mais non le droit illégitime et absurde *de nous les imposer.* Or, nous sommes donc d'accord, comme des fils de famille, avec ceux de MM. les légitimistes qui demandent l'appel à la nation, car c'est là un acte parfaitement logique et légal ; mais sous la réserve, toutefois, d'organiser le suffrage universel, c'est-à-dire le gouvernement du Peuple par le Peuple.

Enfin, nous sommes parfaitement d'accord avec le citoyen Larochejacquelein, lorsqu'il a dit du haut de la tribune, avec sa noble franchise, que la Constitution lui paraissait détestable. Oh! voilà le langage qui convient au Peuple... et s'il fallait, hélas! redevenir serfs, nous préférerions de beaucoup l'aristocratie de naissance, qui avait pris pour devise : *Noblesse oblige*, à cette prétendue aristocratie, à ces valets parvenus, sans entrailles et sans cœur, dont le honteux parchemin, décoré du sceau royal, portait en lettres de feu cette pensée infernale : *Pacte de famine*... et dont les vertueux et dignes amis de la philanthropique Angleterre mettent chaque jour le monstrueux système en pratique, en laissant mourir de faim leurs ouvriers, et le peuple entier de la malheureuse Irlande. Mais notre franchise républicaine, le sentiment de la vérité, nous font un devoir de dire à tous pourquoi nous trouvons la Constitution non-seulement détestable, mais de plus inique, infâme et spoliatrice, en un mot, une véritable Constitution de Jésuites et d'Escobars, ne pouvant, par conséquent, convenir à aucun parti sérieux, ni à aucun gouvernement stable et honnête : C'est que la Constitution, ainsi que nous l'avons déjà fait remarquer, est une violation manifeste *de notre droit absolu de souveraineté* individuelle, collective et sociale, au bénéfice de l'Assemblée nationale, c'est-à-dire d'une fraction de citoyens ; ce qui constitue une république relative et non, comme le demandent le droit et la justice, *une République unitaire et absolue ;* c'est qu'elle a été, sans doute, rédigée sous l'influence d'un mauvais génie, après nos tristes et douloureux événements de Juin, ou enfin par des légistes plus accoutumés à tourner les difficultés qu'à les résoudre.

## LE DROIT, LA LOI, LA JUSTICE,

Voila le principe composé, la base une et indestructible sur laquelle doit reposer constamment NOTRE GRAND CODE UNITAIRE ET SOCIAL ; car, en effet, le droit est un principe absolu que la loi explique et consacre, et que la justice seule réalise : Semblable à une ligne géométrique dont l'étendue ne peut être justement appréciée et fixée que par ses points extrêmes, de même LA LOI RÉPUBLICAINE ne peut être déterminée d'une manière absolue que par le droit et la justice, qui sont également ses points indéfinis.

Après un préambule obscur, équivoque, dépourvu d'idées nouvelles, et digne en tout d'un discours royal, l'*Assemblée nationale*, et non le Peuple, décrète ainsi qu'il suit la Constitution :

## CHAPITRE PREMIER.

### De la Souveraineté.

Article premier. — « La souveraineté réside dans l'universalité des citoyens français.

« Elle est inaliénable et imprescriptible.

« Aucun individu, aucune fraction du peuple ne peut s'en attribuer l'exercice. »

Vous croyez peut-être, Citoyens, après avoir vu proclamer, d'une manière aussi positive, NOTRE DROIT DE SOUVERAINETÉ ABSOLUE, que nos constituants vont, comme pour l'état de siége ou pour la plus petite loi restrictive, nous expliquer et réglementer dans tous ses détails notre Droit souverain, ainsi que la manière simple et logique de pouvoir l'exercer ? Détrompez-vous en lisant attentivement leur grand œuvre, et vous verrez avec surprise qu'ils ne vont s'occuper, dans leurs *douze chapitres* et leurs *cent seize articles*, qu'à nous reprendre en fait ce qu'ils ont bien voulu nous octroyer en droit : Vous aviez autrefois un gouvernement royal et corrompu, vous avez maintenant le gouvernement des majorités, DES PARTIS, sans contrôle et sans unité. Est-ce ignorance, est-ce intrigue et usurpation ? Ce n'est pas à nous qu'il appartient de répondre, ce n'est pas à nous de lire dans leurs consciences... Nous constatons un fait spoliateur, voilà tout : Que la Constitution leur soit légère, car elle ne sera jamais gravée en lettres d'or sur des tables de marbre, et que le Peuple juge si elle consacre sans équivoque les droits sacrés et imprescriptibles de LA NATION FRANÇAISE et à jamais souveraine.

Tout ce qui précède nous met dans l'obligation de faire une simple et logique dissertation sur NOTRE DROIT DE REPRÉSENTATION.

Depuis notre victorieuse révolution de Février, les divers orateurs des clubs et des réunions électorales, les représentants républicains, même les républicains socialistes de la Montagne ont dit, et d'intelligents travailleurs ont répété d'après eux, que tous les représentants n'étaient et ne devaient être que les commis, que *les serviteurs* du peuple :

Voilà, suivant nous, une capitale et grave erreur qui a eu beaucoup
plus de retentissement que de raison. Notre bien-aimé Représentant de
Flotte s'exprimait également ainsi, dans la séance du 23 mai dernier :
« Il y a quelque chose que vous semblez quelquefois oublier, Messieurs,
on vous dit, et c'est un grand malheur, que vous êtes souverains. Il
n'y a qu'un seul souverain : l'universalité des citoyens. Elle vous
nomme, elle vous délègue, elle vous juge. » Lorsque des paroles tom-
bent d'aussi haut, surtout dans ce temps d'intrigue et d'ignorance so ·
ciales nous croyons qu'elles doivent être claires, précises et instructives,
au moins pour la Nation et pour le peuple, qui désirent s'instruire.

Il est évident pour tous qu'ils n'existe QU'UN SEUL SOUVERAIN SOCIAL
qui sanctionne et juge, et ce Souverain est la généralité des citoyens
se manifestant par le vote universel : mais, il est inconstestable également que notre Souveraineté, soit qu'elle se divise ou qu'elle se compose, conserve toujours sa même qualité souveraine, et ne peut varier
que dans sa valeur qui sera ou individuelle, ou collective, ou enfin
sociale. Oh ! qui donc oserait soutenir qu'un citoyen peut perdre « *ce
droit imprescriptible,* » par le seul fait qu'il aurait eu l'honneur d'être
élevé, par ses frères, au rang glorieux de Représentant, ou parce qu'il
aurait préféré fertiliser, de ses sueurs, le sol libre et fécond de la patrie ? D'ailleurs, représentant de qui et de quoi ? Evidemment du
Peuple et de sa sublime souveraineté. Le malheur véritable et vraiment sérieux, c'est que la Constituante ait fait perdre à la Nation,
*pendant un temps déterminé,* son droit absolu de souveraineté, qu'elle ne
doit jamais, sous quelque forme que ce soit, déléguer à un individu
ou même à une fraction du Peuple : aussi, *la représentation* ne doit être
qu'une Souveraineté *collective* et perpétuelle comme la Nation dont elle
ne peut être que l'image ; mais qui se renouvelle individuellement, et
dont chaque membre doit être contrôlé ou suspendu à l'instant même,
révoqué ou réhabilité dans l'espace d'un mois au plus, par le pouvoir
absolu de la Souveraineté sociale. Il n'est pas exact de dire que l'Assemblée nationale est le résultat du suffrage universel, par ce seul fait
que tous les citoyens auraient concouru indirectement à sa nomination. Certes, il n'est jamais venu à la pensée de personne, que la nomination du président ait été obtenue de la même manière que celle
de nos représentants : en effet, l'une s'est réalisée par scrutin personnel et a été proclamée à la capitale, l'autre s'est faite par scrutin de
liste et n'a été proclamée qu'au chef lieu de département ; de plus,
nous croyons avoir démontré que la Représentation ne peut s'obtenir
et se manifester que par le vote absolu, puisque nous avons également
prouvé que LA VOIX UNIVERSELLE ne peut être que l'organe du Peuple,
c'est-à-dire, afin qu'il n'y ait nulle équivoque, de la Souveraineté so-

ciale de France dont le pouvoir régnant SANCTIONNE ET JUGE, mais ne nomme pas.

De nombreux et vrais amis, de consciencieux et dévoués ouvriers, de studieux et sincères socialistes nous ont souvent fait les réflexions et les objections suivantes :

LES REPRÉSENTANTS de la mémorable époque de 89, ces citoyens illustres et profonds ne disaient-ils pas aussi qu'ils n'étaient et ne devaient être que *les délégués*, que les commis et les serviteurs du Peuple? Sans doute, mais alors pourquoi se donner le titre de représentant ? C'est qu'ils voulaient nous fournir la preuve évidente que les plus grands génies, comme les plus humbles penseurs, sont sujets à se tromper, et que nous ne devons jamais admettre la plus simple assertion, sans la passer au creuset du bon cens et de la logique. En conséquence, vous voudrez donc bien nous permettre d'y passer les vôtres ? Oh ! certainement et avec un vif plaisir, croyez-le bien, car nous ne cherchons, comme vous, que la justice et la vérité absolue. Or, nous vous soumettons ceci : n'est-il pas vrai qu'un maître qui nomme un chef-d'atelier, fait choix d'un délégué pour le présenter auprès de ses ouvriers ; ce qui ne l'empêche pas d'avoir, en tout temps, le droit de le contrôler et même de le révoquer ? Nous sommes parfaitement d'accord avec vous, car cela nous paraît incontestable. Par conséquent, vous le voyez, vous reconnaissez, comme nous, que les représentants ne sont que des délégués révoquables, et si vous en aviez douté, nous vous en aurions fourni une seconde preuve, pas le moyen de nos associations.

Lorsque nous désignons parmi nous un gérant, n'est-ce pas encore un véritable délégué qui nous représente vis-à-vis de nos clients, comme dans les comices les délégués représentent les électeurs ; donc, les représentants ne sont que les délégués du Peuple. Doucement, mes bons amis, vous parlez comme des avocats ou des ministres, et c'est ainsi qu'on s'égare : revenez au fait et vous pourrez, nous en fournir la preuve.

Nous avons admis de suite votre première proposition, comme étant une vérité absolue ; mais, nous n'acceptons nullement les conséquences hasardées que vous en avez déduites, et nous allons vous en démontrer toute la fausseté, par votre seconde proposition elle même : suivez donc un peu notre raisonnement.

## LE REPRÉSENTANT EST PLUS QUE LE REPRÉSENTÉ.

*Le délégué est moins que celui qui délègue.*

Si nous vous prouvons ce simple aphorisme, qui est tout l'opposé de vos conclusions, il est certain que vous ne prendrez plus le délégué pour le représentant, la partie pour le tout, le relatif pour l'absolu ; ou vous seriez comme les monarchistes, qui veulent nous faire prendre leur république personnelle et obscure pour une République universelle et éclairée ; comme si l'on pouvait confondre la république des ignorants avec la république des lettres. Mais, revenons nous-même au fait, et prêtez-nous toute votre attention.

Remarquez d'abord que, pour former *la délégation*, il est de nécessité absolue d'avoir trois éléments dissemblables, deux extrêmes et un moyen ; tandis que pour constituer LA REPRÈSENTATION, il suffit d'en avoir deux, et encore ces termes peuvent être identiques, car c'est la représentation de l'unité. En effet, dans votre première proposition, que voyons-nous ? UN MAITRE qui fait choix *d'un chef d'atelier* pour le représenter auprès de *ses ouvriers*. Or, observez que le chef d'atelier n'est point l'égal du maître, et qu'il n'y a, par conséquent, aucun rapport entre un contre-maître et un gérant, puisque, dans une association, tous les citoyens sont égaux entre eux, et que le gérant est maître et propriétaire au même degré que ses frères, lesquels peuvent bien lui ôter la gérance et non son titre de citoyen et d'associé. Mais ici se présente un fait grave et sur lequel nous fixons particulièrement votre attention : Quels sont les motifs sérieux qui ont pu vous engager, dans la nomination de votre gérant, à porter votre choix sur tel ou tel de vos associés ? Évidemment, ce n'est pas par esprit de parti et de camaraderie, mais bien parce que vous avez reconnu en lui les qualités requises pour vous représenter ; parce qu'il avait un esprit plus méditatif, par conséquent plus sédentaire, des idées d'ordre et d'économie plus pratiques, des formes plus douces, des manières plus insinuantes, plus persuasives et en même temps plus énergiques, en un mot, des connaissances plus étendues et plus générales. Nul rapport n'existe donc entre votre première proposition et la seconde : dans l'une, les trois termes différents, et, de plus, l'infériorité font du contre-maître un simple délégué ; dans l'autre, au contraire, l'unité et l'égalité des droits, l'identité de l'intelligence, ainsi que la supériorité du génie d'un seul, résumant l'identité et le génie supérieur de tous, font du gérant, non un délégué, mais un véritable représentant. Si, comme nous en avons posé le principe, toute vérité est absolue, ce que nous venons de vous démontrer doit s'appliquer rigoureusement à notre représentation gouvernementale. Voyons :

Sous la monarchie, les députés n'étaient que de simples délégués, puisque *la nation exclusive* conférait ses droits à *des citoyens* qu'elle déléguait auprès *d'un roi*, que, dans son ignorance politique, elle avait cru devoir accepter héréditairement comme son seul souverain et maître. Nous croyons qu'il n'est pas nécessaire d'un bien grand effort de génie pour se convaincre que rien de semblable ne peut plus exister aujourd'hui sous notre puissant GOUVERNEMENT UNITAIRE RÉPUBLICAIN. En effet, il n'y a aucune identité, aucune ressemblance directe ou indirecte entre un député-délégué et *un Représentant-souverain*, puisque les citoyens de France, par le seul article vrai de la Constitution, sont tous égaux en droits et en souveraineté. Mais, remarquez ce fait capital et surtout instructif : Vers qui le Peuple déléguerait-il quelques-uns de ses frères?... Est-ce vers lui-même, vers sa puissante unité? Est-ce vers l'Assemblée nationale ou vers le président? Répondez donc, vous qui avez spolié, à votre profit, *les droits nationaux!* Vous vous taisez ou vous parlez dans l'ombre et avec ambiguité. Les véritables socialistes, eux, parlent nettement, au grand jour, devant la justice éternelle, et à la face pure et rayonnante de notre divine République! Oh! ceux-là n'ont pas peur et ne se cachent pas dans l'ombre, comme des traitres, au jour de l'action. Écoutez donc! Puisque vous vous taisez, nous parlerons pour vous et suivant votre ténébreuse Constitution. Non, ce ne peut pas être vers le président, car vous n'en avez fait que le premier magistrat, que le premier fonctionnaire responsable de l'État; et il vous faudrait reconnaître votre infériorité, redevenir enfin délégués, après avoir proclamé dans votre Constitution, par un A majuscule, que vous étiez les seuls et légitimes représentants du Peuple. Ce n'est pas non plus vers l'Assemblée législative, car elle ne pourrait pas être déléguée individuellement vers elle-même réunie collectivement, ce qui serait absurde; mais pas plus toutefois que de voir *des légistes* s'emparer pendant trois ans de la Souveraineté sociale, en déclarant qu'ils ont fait la loi pour laquelle ils n'ont point demandé LA SANCTION UNIVERSELLE, et prenant sous leur toge d'avocat qu'il ne peut exister de droit contre cette subtile et ingénieuse loi. Charmant petit procédé royal, et qui nécessiterait immédiatement la création d'une Chambre des députés, afin que le pays puisse contrôler ce Souverain de nouvelle fabrique, pour le procédé duquel le Peuple lui accordera un brevet d'invention, mais *sans aucune garantie de son gouvernement.* La Nation souveraine ne peut donc être déléguée. Il est impossible, en effet, de comprendre une nation déléguée; tandis qu'au contraire, on conçoit facilement une nation représentée : déléguée, elle n'est rien, REPRÉSENTÉE, ELLE EST TOUT! La monarchie n'a jamais été que le gouvernement des personnalités et des majorités, c'est-à-dire de l'ignorance, de la division, et, par conséquent, du désordre; la République ou le gouvernement du Peuple ne peut être que le gouvernement des *généralités et des capacités,* c'est-à-dire du savoir, de l'ordre et de l'unité. Oui, messieurs les monarchistes, et il faut en prendre votre parti. Oh! nous le reconnaissons maintenant, vos petits calculs étaient assez habiles; vous

vous étiez sans doute dit : Demandons le suffrage universel, car l'éducation républicaine des masses étant à zéro, en multipliant zéro par zéro, nécessairement nous obtiendrons zéro... et après, le gouvernement est à nous. Puissamment raisonné; mais le Peuple-souverain aujourd'hui vous répond : *Devant notre gouvernement*, les zéros ne seront jamais rien, non, rien, absolument rien. Instruisez-vous donc si vous voulez être quelque chose.

Nous croyons avoir démontré d'une manière irréfutable que le représentant est plus que le représenté, que le délégué est moins que celui qui délègue; or, nous nous résumons en disant : LA REPRÉSENTATION est, comme nous l'avons déjà dit, l'image daguerréotypée du pouvoir et de la pensée du Peuple; mais le vote par lequel elle s'obtient n'est qu'un vote absolu, un vote universel en sens inverse, et qui, semblable à une première épreuve de daguerréotype, doit être *redressée* par la Souveraineté sociale et universelle de France.

Citoyens, nous croyons devoir terminer ici nos considérations générales, en vous faisant observer que le meilleur moyen, suivant nous, de faire connaître et de réaliser immédiatement dans tous ses détails LE GOUVERNEMENT DU PEUPLE PAR LE PEUPLE est de fonder de suite *un organe national*, une feuille quotidienne divisée en trois parties principales, ainsi qu'il suit :

*Première partie..*

### LE TRAVAIL ORGANISÉ, *ou* Production matérielle.

*Deuxième partie.*

### LA SOUVERAINETÉ NATIONALE, *ou* Pouvoir gouvernemental.

*Troisième partie.*

### L'UNITÉ SCIENTIFIQUE, *ou* Elaboration intellectuelle.

Ce véritable et grand *organe socialiste* doit être éminemment réalisateur, et reposer sur les bases unitaires et absolues suivantes : 1º — Il sera le moniteur universel *de tous, par tous et pour tous!* 2º — Le prix sera de 18 fr. par an, dans toute l'étendue de la République, et payable seulement par mois. — 3º Tous les bénéfices nets qui, par un nouveau mode financier et social, pourront s'élever à la somme de deux millions, seront consacrés à la RÉALISATION de la première *société-modèle*, intégrale et unitaire des travailleurs propriétaires, sans maîtres, sans ouvriers, sans employés et sans serviteurs, et laquelle sera composée, au moins, *de neuf cents familles souveraines*, hommes, femmes et enfants·

— 4° Enfin, il aura particulièrement pour but de faire connaître à tous les moyens de développer et de régler la production et la consommation de la France, ainsi que le mode le plus avantageux aux intérêts individuels et sociaux, de distribuer ses produits sur toute l'étendue du globe.

Chaque citoyen souscripteur *est propriétaire* collectif de tout le matériel d'exploitation et de tout l'avoir foncier du journal ; en conséquence, il a droit en cette qualité :

1° De nommer, à la majorité absolue des suffrages, les membres des comités de rédaction et d'administration ;

2° De nommer, également, les membres des conseils de réalisation et de surveillance ;

3° D'écrire dans le journal des articles successifs, en se conformant aux statuts et réglements qui seront imprimés derrière chaque titre de souscription ; ils devront être rédigés dans *trente lignes* au plus, et seront insérés par ordre de réception. Les réflexions du comité de rédaction devront toujours suivre immédiatement chaque article ;

4° D'être inscrits sur *deux registres* par ordre alphabétique, l'un de noms et l'autre de professions, afin de pouvoir entrer dans la première association-modèle d'après la date de chaque souscription et suivant les besoins personnels de la société collective.

5° Chaque citoyen recevra, avec son titre d'associé, *un bordereau de compte* par lequel il sera *crédité*, sur l'Association, de la somme de mille francs au bénéfice composé de 15 °/₀ ; il sera *débité*, au profit de l'Association, de pareille somme, *comme prêt provisoire*, à l'intérêt de 5 °/°.

6° Chaque citoyenne recevra également les mêmes avantages, ce qui lui constituera une position de fortune indépendante de son mari, et la fera participer ainsi aux bienfaits merveilleux *de la tontine industrielle et agricole du Peuple.*

7° Dans l'association-modèle, le maximum du travail ne sera que de huit heures. Chaque associé sera libre de se retirer à l'instant qu'il le jugera convenable, et alors *son actif* lui sera remis de suite et intégralement.

8° Tous les produits agricoles et industriels lui seront livrés, *ainsi qu'à la consommation générale,* comme il suit : la première année à 5 du cent de diminution, la deuxième à 10, la troisième à 15, la quatrième à 20 et enfin la cinquième à 25 pour cent au-dessous du cours actuel !

9° Chaque associé, qui voudra se retirer à l'expiration de *la vingt-cinquième année,* recevra la somme DE TRENTE TROIS MILLE FRANCS au minimum. S'il préférait rester, il en aurait la faculté en abandonnant, à la société, les deux tiers de la somme ci-dessus : mais alors, son travail *manuel et volontaire* ne lui serait plus payé.

Si **le gouvernement du peuple** était fondé, au premier octobre prochain, par les rêveurs socialistes, voici le simple tableau *des réalités mathématiques* qu'ils pourraient réaliser dès le 1er janvier 1852, et qui feraient rêver à leur tour, sans nul doute, nos grands éveillés royalistes du jour.

| ASSOCIATIONS. | FAMILLES | POPU-LATION. | PROPRIÉTÉS et Marchand. | CAPITAUX. | BILLETS de Banque nationale. | TOTAUX. |
|---|---|---|---|---|---|---|
| 1 Modèle de travailleurs propriétaires. . . . . . | 900 | 2700 | 1800000 | 200000 | 200000 | 2200000 |
| 180 Fondées sur l'économie du budget . . . . | 162000 | 486000 | 324000000 | 36000000 | 36000000 | 396000000 |
| 180 Fondées par les caisses d'épargnes. . . . . . . | 162000 | 486000 | 324000000 | 36000000 | 36000000 | 396000000 |
| 360 Fondées par les capitaux de la banque.. | 324000 | 972000 | 648000000 | 72000000 | 72000000 | 792000000 |
| 721 Associations unitaires | 648000 | 1946000 | 1297800000 | 154200000 | 154200000 | 1586200000 |
| Après avoir payé l'intérêt de 5 °/₀ il reste un bénéfice de 10 °/₀......... | | | | | | 158620000 |
| Total............... | | | | | | 1744820000 |

**Le Peuple-souverain**, par son organisation unitaire, ayant économisé **un milliard** sur le budged de 1851, et après avoir réservé **six cent quarante millions** pour tous les travaux publics de la France, aurait donc pu , avec une partie seulement de ce milliard et les capitaux des caisses d'épargnes et de la banque, c'est-à-dire avec le concours de tous les citoyens, fonder sept cent-vingt et une *associations intégrales unitaires*, et organiser ainsi un dixhuitième de la population, en procurant à deux millions de citoyens une fortune privée obtenue par le travail libre, et à chaque Souverain, *la jouissance* d'une véritable liste civile de plus de cinquante mille francs de rente ; il est vrai que nul ne pourra dire avec orgueil, comme certains marquis de Carrabas : Cela est à moi !... Non, c'est très vrai mais nous dirons avec joie, avec amour, en voyant nos frères, nos femmes et nos enfants heureux au milieu de notre beau domaine : Ceci est à nous... à la patrie et à Dieu !

Frères, hâtons-nous de propager les grands et véritables principes républicains, et de nous organiser ainsi : car tant qu'il y aura des rois et des serviteurs, il y aura des despotes et des esclaves ; tant qu'il y aura des maîtres et des ouvriers, il y aura des exploiteurs et des exploités ; tant qu'il y aura des *oisifs* il y aura de la débauche et de la misère ; tant qu'il y aura des hospices, des prisons et des bagnes, il y aura des mendiants, des voleurs et des assassins ; tant qu'il y aura des emprunteurs, il y aura des usuriers ; tant qu'il y aura des billets à

terme et non payés, il y aura des huissiers et des protêts ; tant qu'il
y aura un crédit fictif, il y aura des banqueroutes réelles ; tant qu'il y
aura des procès civils et criminels, il y aura des plaideurs et des pro-
cureurs normands, des avocats et des juges gascons : tant que la justice sera payée, elle sera vendue... et non rendue ; enfin, tant qu'il y
aura de monstrueuses charges, il faudra nécessairement un monstrueux budget; enfin, tant qu'il y aura une corruption publique, il y
aura toujours des scandales sociaux, et nous aurons, en fait, une
monstrueuse et obscure monarchie ; mais non une fraternelle et glorieuse République.

Républicains, socialistes et adversaires, vous tous... que nous aimons
à des titres différents, comme les martyrs, les anges et *les convertis* de
Dieu... Oh ! permettez-nous de vous rappeler, au moment suprême,
de vous soumettre nos méditations chrétiennes, que LES PRINCIPES sont
toujours, à la fois simples, majestueux et compréhensibles pour tous ;
c'est la douce lumière qui éclaire, sans fatigue, les hommes laborieux,
honnêtes et intelligents ; c'est le phare divin qui guide et conduit, au
port *du bonheur absolu*, les esprits droits et bienfaisants; c'est, en un
mot, la vérité unitaire, la vérité céleste ! Oui, *les ignorants* et *les intrigants*
sont aussi dangereux les uns les autres. Un auteur a dit : Si les mou-
tons votaient, ils voteraient *pour les loups*... » Un autre auteur dirait
encore : » Si j'avais les mains pleines de vérités, je ne les ouvrirais pas. »
Vous le voyez, amis, ce penseur, cet homme de génie craignait aussi,
comme de nos jours, les bornes, les savants et *les persécuteurs*... et
notre illustre compositeur Béethowen passa bien longtemps aux
yeux des artistes médiocres, pour un fou, un original et un rêveur
n'ayant écrit ses sublimes *mélodies*, que pour faire parler de lui, que
pour être incompris : stupides et ignorants ! taisez-vous. Car, ce que
vous ne compreniez pas , c'était l'inspiration, c'était le feu sacré, c'était
LA DIVINE HARMONIE !...

En résumé, voulez-vous savoir pourquoi nous détestons *la monarchie
personnelle*, et que nous lui préférons LA RÉPUBLIQUE UNIVERSELLE?
C'est que l'une n'est que le pouvoir d'un seul, et que l'autre est le
pouvoir de tous ; c'est que la royauté n'est qu'héréditaire, tandis que
*la Souveraineté sociale* est éternelle !... En effet, LE PEUPLE-NATION ne
meurt pas ! certes, au contraire, il prend de jour en jour une plus
grande vitalité, et CE GRAND CORPS-SOCIAL, semblable à la nature et aux
globes, naît, vit et meurt éternellement. Il possède toujours, à chaque
instant, la fougue irréfléchie *de la jeunesse ;* le courage, la puissance et
l'enthousiasme *de la virilité ;* la réflexion, la prudence, la sagesse, le
majestueux et profond savoir de l'âge mûr ; sans avoir jamais l'âcre-
té, la méfiance, l'avarice et la décrépitude de la vieillesse : surtout,

*d'une vieillesse royale*... Nous préférons notre jeune République, remplie de puissance et d'avenir, à cette vieille royauté perdant, de jour en jour, sa force et son pouvoir ; à cette royauté se disant sans tache, et que l'on voit constamment couverte de sang ; à cette royauté incapable de régner, et impuissante à faire le bien... mais que l'on voit, tour-à-tour, en jeune homme ou en stupide vieillard, en reine galante ou en prince débauché, en robe ou en épée, en cardinal rusé ou en conquérant habile, en roi chrétien ou hérétique, en roi saint ou damné, en roi sage ou fou ; enfin, une royauté que l'on voit quelquefois avec peine dans un berceau, mais toujours avec joie sous un sarcophage : véritable protée Prenant toutes les formes, et n'en conservant aucune de pure et de divine.

Voilà les pensées, les raisonnements *de cette vile multitude* au dix-neuvième siècle ! que ceux qui sont assez ignorants, assez infâmes, assez tyranniques pour vouloir aujourd'hui leur asservissement les méditent ; et ils verront alors bien facilement, malgré leur myopie incurable, qu'ils ne sont que de grands nains politiques, que de grands impuissants : car, pour les vaincres, il nous suffit de leur faire entendre un seul cri ; mais un cri magique et indomptable, un cri à la fois pacifique et révolutionnaire, un cri d'espérance et d'amour, et ce cri, ce cri sauveur est réalisation ! RÉALISATION !...

Mais, pour réaliser tous ces faits éclatants,
Il nous faut le concours des petits et des grands...
A vous donc, nobles cœurs, dont le profond génie
Murmure en doux accords *la divine harmonie :*
A toi Peuple expirant, pauvre déshérité...
Travailleur héroïque, ange sans liberté ;
A vous législateurs, à vous nobles poètes
Des secrets éternels éloquents interprètes ;
A vous républicains, constamment dans les fers,
Dont le sang généreux féconde l'univers :
A vous tous qui du Christ admirez la sagesse,
Et de l'humble artisan consolez la détresse ;
*Apôtres inspirés...* qui nous ouvrez les cieux :
Ecoutez tous nos voix !... et nous serons des Dieux !

# OBSERVATIONS  IMPORTANTES.

Ce travail ayant pour but la réalisation immédiate de notre UNITÉ RÉPUBLICAINE, nous prions nos amis et nos adversaires politiques, à quelque nuance d'opinion qu'ils appartiennent, de vouloir bien nous faire parvenir ( *franco* ) leurs fraternelles et logiques observations.

La fondation **d'un véritable Organe national**, en dehors de tout intérêt particulier, étant le seul moyen, suivant nous, de faire connaître et de constituer infailliblement la souveraine puissance de notre **Empire républicain**, nous prévenons nos amis socialistes que denx registres d'adhésion (*sans aucune rétribution pécuniaire*) sont ouverts, l'un chez le citoyen Aristide GRÉNIER, cité Popincoust, 2 *bis*, de six heures du matin à dix heures du soir, et l'autre chez le citoyen HEUSTE, rue Bourg-l'Abbé, 22, de sept heures du matin à neuf heures du soir. On reçoit également les adhésions par lettres affranchies.

PARIS. — TYPOGRAPHIE EE BEAULÉ ET COMP.,
8, rue Jacques de Brosse.

www.ingramcontent.com/pod-product-compliance
Lightning Source LLC
Chambersburg PA
CBHW061251060726
47596CB00002B/552